W0312247

venez toutes bloguer sur
www.lesparesseuses.com

Sophie Millot et Violaine Chatal-Pinon

Les paresseuses ne se laissent plus faire

•MARABOUT•

© Hachette Livre (Marabout), 2008

Toute reproduction d'un extrait quelconque de ce livre par quelque procédé que ce soit, et notamment par photocopie ou microfilm, est interdite sans autorisation écrite de l'éditeur.

Sommaire

Avant-propos

Pourquoi ce guide va vous aider

Chacun sait que vous êtes une personne douce, gentille, posée... Voilà ! Vous êtes une gentille, une vraie... Peut-être... Mais avouez-le, au fond, vous êtes surtout une vraie paresseuse pour qui tout conflit ou rapport de forces est synonyme de stress et d'accélération du rythme cardiaque.

Bien sûr, vous saviez qu'à toujours vouloir arrondir les angles vous finiriez par passer pour quantité négligeable. Mais pendant longtemps vous avez préféré ce confort discutable à un sursaut d'énergie préjudiciable à votre éthique de nonchalante patentée.

Aujourd'hui, votre boulanger vous snobe, l'épicier vous jette la monnaie en travers de la figure et même la gardienne (dont les étrennes n'ont pourtant rien à envier au PNB d'un pays en voie de développement) se contente de marmonner un vague « bonjour » quand elle vous rencontre.

Évidemment vous menez une carrière brillante, euh... Enfin, vous travaillez, quoi... En fait, si vous voulez vraiment être honnête avec vous-même, vous savez que vos collègues ont depuis longtemps jeté le masque de la camaraderie pour apparaître sous les traits hideux de cancrelats soucieux de saper votre promotion, et que votre chef a des faux airs de monarque absolu.

L'autre jour, à la machine à café, même le comptable à l'air inoffensif vous a pincé les fesses alors que vous vous penchiez pour prendre votre gobelet !

Le temps d'un pot entre copines et les choses rentrent dans l'ordre. Sauf que depuis quelque temps, vous ne supportez plus d'entendre les conseils des *wonder women* qui vous tiennent lieu d'amies, de constater à quel point leur vie est beaucoup plus intéressante que la vôtre (si, si, vous en êtes sûre !), de comparer votre chevelure informe avec leur coupe impeccable et de regarder leurs photos de week-end en amoureux à Deauville.

Bon... Il reste la maison, votre *home sweet home* au sein duquel chacun s'empresse de vous chouchouter et d'anticiper vos moindres désirs... C'est-à-dire... C'est ce dont vous rêvez chaque soir en tournant la clef dans la serrure.

Mais à défaut de trouver votre petite famille au garde-à-vous derrière la porte, vous découvrez un invraisemblable bazar qui n'attend que vous, des devoirs à superviser, des petits-fours à faire chauffer en attendant l'arrivée de l'Homme et d'une brochette de collègues ou, pire encore, de sa famille...

Car force est de constater que vous avez commis l'erreur de ne pas choisir un orphelin. Votre cher et tendre est pourvu d'une fratrie, d'un père et, plus grave encore, d'une mère. Voilà votre plus fidèle ennemie intime, qui ne manque jamais de vous toiser et de vous gratifier de réflexions acerbes en toutes saisons.

Mais cette fois-ci, plus question de baisser la tête, car désormais vous allez réagir !

Bien sûr, cet ouvrage n'est pas un traité de psychologie, il n'a pas pour ambition de remplacer une consultation chez un spécialiste, mais il est là pour vous accompagner sur le chemin escarpé qui va transformer la gentille petite chenille inoffensive que vous êtes en superbe papillon capable de s'imposer dans la jungle hostile qui l'entoure.

Parce que ce n'est plus possible de vous laisser broyer, écraser, laminer, consumer à petit feu, et le tout avec le sourire !

Parce qu'il est temps que de l'épicier à votre frère, en passant par vos enfants et votre banquier, chacun sache que vous avez, vous aussi, le droit d'exister !

Parce qu'il faut réagir avant que vos amis/copains et autres relations se transforment en d'épouvantables suceurs de sang, d'énergie et de temps.

Il est désormais indispensable de rappeler à tous que les paresseuses ont le droit au respect et... à la paresse.

Alors, prête pour les exercices pratiques ?

Qui êtes-vous ?

Votre personnalité est votre meilleure alliée. C'est elle qui fait de vous ce que vous êtes. Cette personne sensible, intelligente, charmante, ouverte, spirituelle et surtout... terriblement coincée en société, incapable de faire la part des choses, de s'affirmer en douceur.

Nous allons nous employer à vous débarrasser de ce handicap social qui vous pourrit la vie et parfois celle des autres ! Avant d'entrer dans le vif du sujet et de pourfendre à tour de bras vos contrariétés quotidiennes, commencez par déterminer votre profil.

1. Une dame passe devant vous dans une file d'attente.

a) Vous ne dites rien.	3
b) Vous lui sautez à la gorge.	2
c) Vous lui demandez poliment de bien vouloir prendre la queue comme tout le monde.	1

2. Votre père vous fait une remarque désobligeante.

a) Vous lui dites que cela ne le regarde pas et vous tournez les talons.	2
b) Vous fondez en larmes.	3
c) Vous lui demandez pourquoi il est si agressif avec vous.	1

3. Votre Jules ne remarque pas votre nouvelle coupe de cheveux.

a) Vous craignez qu'il ne vous aime plus.	3
b) Vous lui faites remarquer de façon acide.	2
c) Vous lui demandez s'il ne remarque vraiment rien.	1

4. Votre patron vous demande d'aller chercher des clients à l'aéroport un dimanche matin à 7 h 30.

a) Vous refusez en vous excusant poliment.	1
b) Vous acceptez en vous maudissant de le faire.	3

c) Vous le menacez de lui envoyer l'inspection du travail. 2

5. Votre plombier vous envoie une facture sur laquelle apparaît un supplément.

a) Vous lui passez un coup de fil furieux. 2

b) Vous lui demandez des explications. 1

c) Vous payez. 3

Résultats

- **Vous avez une majorité de 3.**

Vous êtes passive et écrasée. Vous faites systématiquement passer les autres avant vous par crainte de vous affirmer. Vous êtes la bonne poire de l'équipe, la fille à qui l'on peut demander n'importe quoi puisqu'elle est toujours d'accord. Et si la poire montrait les dents ?

- **Vous avez une majorité de 2.**

Vous êtes agressive. Incapable de vous contrôler, la moindre contrariété vous fait sauter au plafond. Vous ne tenez pas compte des autres et vous vous imposez façon bulldozer. On ne vous fait aucune remarque, mais vous ne devez pas avoir beaucoup d'amis. Brrr...

- **Le but de la manœuvre est de parvenir, à l'issue de cet ouvrage, à obtenir une majorité de 1.**

Votre comportement est équilibré. Vous êtes parfaitement capable de vous affirmer sans écraser les autres. Vous êtes capable de fermeté, mais vous savez également faire preuve de diplomatie.

Ce sera vous... demain !

chapitre 1

Comment entretenir un détachement digne d'un moine shaolin au bureau

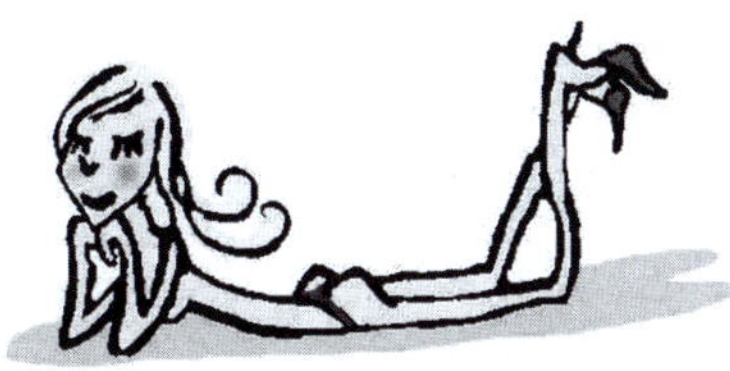

Et si vous vous détendiez au bureau ?

Pour commencer, mesurez la chance que vous avez ! Vous avez un job prodigieusement excitant qui vous prend l'essentiel de votre temps et occupe votre esprit à toute heure du jour et de la nuit : vous êtes une heureuse veinarde. Et même si seules les deux dernières propositions sont exactes, difficile de faire l'impasse sur le compliment à une époque où le travail est à peu près aussi rare et fugace que le sourire d'un agent du fisc.

Certes, tant de félicité ne doit pas masquer la cruelle vérité : votre boulot vous pompe l'air au moins autant que vos collègues et votre hiérarchie. Pour dire les choses telles qu'elles sont, vous en avez assez de vous faire grignoter jour après jour par ces vampires aussi égoïstes qu'insatiables.

Mais d'abord, vous en êtes où ?

Combien de temps vous reste-t-il avant de vous effondrer ?

1. Le matin...

a) Vous partez le sourire aux lèvres, prête à en découdre avec vos différents interlocuteurs (même si, au fond de vous, vous savez bien que vous n'en ferez rien). 1

b) Vous avez mal au ventre à l'idée de vous rendre au bureau et ce poids sur la poitrine s'allège à mesure que la journée s'achève. 3

c) Vous êtes épuisée dès le réveil, vos membres sont lourds et vous craignez bien de ne pas avoir la force d'arriver à la porte du bureau. 2

2. Un de vos collègues vous demande un service alors que vous êtes submergée de travail.

a) Vous vous sentez prête à lui dire « non » et vous vous entendez dire « oui ». 2

b) Votre sang ne fait qu'un tour : vous tentez de négocier un délai, puis finalement vous acceptez sa demande. 1

c) Vous refusez un peu vivement, puis revenez – honteuse – sur votre décision, le rouge aux joues. 3

3. À l'heure du déjeuner…

a) Vous quittez le bureau pour déjeuner le plus loin possible. 1

b) Vous mangez sur place en avançant votre travail. 2

c) Vous n'avez pas faim ou vous grignotez toute la journée. 3

4. Votre patron vous convoque.

a) Vous craignez d'avoir commis un impair : le rouge vous monte aux joues, votre bouche devient pâteuse et vos oreilles bourdonnent. 2

b) Vous êtes prête à profiter de cette occasion pour mettre les points sur les « i » et finalement vous ne desserrez pas les dents en sa présence. 1

c) Vous vous mettez à pleurer dès qu'il vous parle et tentez de justifier vos actes. 3

5. On vous confie une mission importante.

a) Vous craignez de ne pas y arriver, mais vous vous y mettez d'arrache-pied. 2

b) Vous refusez une telle responsabilité, convaincue d'en être incapable. 3

c) Vous vous persuadez que le choix ne s'est porté sur vous que faute de candidats, en désespoir de cause. 1

RÉSULTATS

- **Vous avez une majorité de 1.**

Il n'est pas trop tard, vous êtes fatiguée, mais il vous reste suffisamment de moelle pour vous relever.

- **Vous avez une majorité de 2.**

On ne peut pas parler de forme olympique, vous êtes plus proche de la lavette que de la serviette de toilette grand teint. Ne vous laissez plus essorer !

- **Vous avez une majorité de 3.**

Il est plus que temps d'intervenir, le *burn-out* vous guette au détour d'un dossier.

Il est temps de redresser la barre avant de vous effondrer, laminée par tant de haine.

Ces pages vont vous permettre d'aborder point par point les différentes étapes qui vous mèneront au pinacle du détachement suprême tout en imposant votre point de vue en douceur.

Votre patron vous ignore... Il ne remarque pas vos efforts, ne vous félicite jamais...

Les indices

- Il ne vous dit pas bonjour.
- Il s'adresse toujours à l'un de vos collègues plutôt qu'à vous.
- Il a déjà demandé qui vous étiez à la standardiste de l'accueil (bon point : il vous a vue !).

Aucun doute : il vous ignore superbement et il va falloir que cela change, mais avant de vous jeter à corps perdu dans cette nouvelle aventure, êtes-vous prête à renoncer à ces avantages si appréciables ?

- Il ne vous convoque jamais.
- Il vous fiche une paix royale.

Si ces avantages non négligeables n'ont pas de prix à vos yeux et que vous êtes prête à vous affirmer, tant mieux ! Voici quelques méthodes à adopter d'urgence.

Le travail sur soi

- Il est essentiel de reprendre confiance en vous. Comment votre patron pourrait-il se rendre compte de votre existence alors que vous vous sentez vous-même absolument translucide ? Rappelez-vous qu'on ne croit qu'en ceux qui croient en eux. Suivez donc ce sage précepte et commencez par vous convaincre de votre valeur !

- Faites votre CV, non pas pour un employeur potentiel, mais pour votre propre usage. Faites le détail de vos expériences professionnelles, puis dressez la liste de vos réalisations, y compris celles qui n'ont rien à voir avec votre job (comme l'organisation de la brocante du mois d'août ou le banquet réalisé pour les 80 ans de votre grand-mère), vous serez sans doute surprise de l'étendue de vos aptitudes.
- Si vous en doutez encore, n'hésitez pas à avoir recours à un bilan de compétences.
- Dernier aspect, et non des moindres : apprenez à mieux connaître votre entreprise, ses mécanismes, ses projets, ses axes de développement. Inutile de dire que si vous n'avez aucune idée de ce qui se passe au-delà de la porte de votre bureau, vous n'avez aucune chance d'en sortir !

Définissez vos attentes

Que souhaitez-vous réellement ? Que votre patron vous dise « bonjour » et soit donc simplement poli, ou attendez-vous une véritable reconnaissance à l'échelle de la société et donc au sein de votre hiérarchie ? Sans doute la seconde proposition vous semble-t-elle plus séduisante, et c'est bien naturel. Le processus de définition est un préalable indispensable qui vous permettra de poser les bonnes questions et de prendre des décisions nécessaires à votre objectif. Cette étape vous permettra également de faire le point sur les efforts que vous êtes prête à fournir.

Voici un petit tableau qui vous aidera peut-être à y voir plus clair.

Vous souhaitez	Cela implique
○ Que l'on apprécie votre travail	○ Vous allez devoir cesser de vous dévaloriser et rappeler habilement le rôle que vous tenez au sein de la société. Autrement dit, il va falloir communiquer !
○ Une augmentation	○ Il faut apprendre à vous vendre en trouvant la publicitaire qui sommeille en vous !
○ Plus de responsabilités	○ Vous allez éventuellement devoir élargir votre champ de compétences et rendre des comptes à vos supérieurs.
○ Encadrer une équipe	○ Vous devrez apprendre à manager, à gérer les conflits et parfois à trancher dans le vif. Vous sentez-vous vraiment prête à cet exercice ?

Passez à l'action !

Méthode douce

Cela semble logique, il faut demander pour obtenir. C'est un droit et même un devoir pour se sentir mieux dans ses baskets. Choisissez donc le moment opportun (évitez les périodes de bilan, surtout si l'entreprise est dans le rouge !) et sollicitez un rendez-vous auprès de votre patron. Faites-lui clairement part de vos interrogations après avoir préparé votre argumentaire pour la suite de la conversation. Inutile de lui dire que son mutisme vous chagrine, vous n'êtes pas chez le psy, mais bien dans le bureau de votre boss, et son temps est précieux. Il vous l'a déjà dit, non ?

- Formulez clairement votre question en le regardant en face et en utilisant le pronom de la première personne : *« Je souhaiterais savoir si vous êtes satisfait de mon travail. »*

Évitez les formules négatives du genre : *« Je voudrais savoir ce que vous me reprochez »* ; ou : *« Pourquoi ne m'accordez-vous pas de responsabilités ? »*

Et proscrivez tout sentimentalisme. Les phrases du type *« Vous ne m'aimez pas »* sont pathétiques !

- Écoutez la réponse et passez à la seconde étape selon ce que vous souhaitez demander, en tenant compte bien entendu de son point de vue.

Proposez-lui de prendre en charge un dossier important, même si celui-ci dépasse le cadre strict de vos fonctions. Justifiez votre intérêt pour ce projet en soulignant que vous avez les compétences requises. Prouvez que vous êtes la personne idéale en précisant ce que vous apporterez de novateur. C'est le meilleur moyen pour vous faire remarquer et démontrer votre potentiel.

- Ne parlez pas d'argent ! Vous devez encore faire vos preuves !

Méthode sournoise à proscrire

Guettez votre patron et soyez à son écoute, devenez la personne indispensable, toujours présente pour servir un café ou aller chercher le courrier. Il vous dira « bonjour », pensera à vous pour toutes les corvées, vous deviendrez rapidement son indispensable larbin... Il se dira que vous n'avez pas l'envergure pour une promotion. Et il aura sans doute raison !

Méthode cash

Si vous décidez de coincer votre patron à la sortie de son bureau en lui demandant des explications sur son comportement de goujat, vous serez sans doute soulagée.

Et vous aurez tout loisir de réfléchir à votre fait d'armes pendant votre recherche d'un nouvel emploi...

Exercices pratiques

Apprenez à tisser un réseau de relations dans l'entreprise afin de sortir de l'anonymat en douceur. C'est toujours plus facile de converser autour de la machine à café ou à l'occasion du déjeuner qu'à brûle-pourpoint dans un couloir. Intéressez-vous au travail des autres, à leurs centres d'intérêts, tout en conservant les distances professionnelles. Ainsi, évitez de demander à la secrétaire qui sont les messieurs qui viennent la chercher à la sortie du bureau ! Contentez-vous d'être aimable.

Peu à peu, vos collègues vous connaîtront mieux, puis votre supérieur direct, et ainsi de suite !

Votre patron refuse de vous augmenter

En êtes-vous sûre, ou bien la crainte du refus bloque-t-elle toutes vos velléités de tentative ? Si vous préférez ne rien faire plutôt que d'essuyer un refus, essayez de poser le problème différemment : en adoptant cette attitude, vous ne prenez pas de risques, en effet, mais vous ne saisissez pas votre chance non plus. Si vous demandez une augmentation, vous risquez un refus, mais vous pouvez tout aussi bien obtenir le pécule convoité.

Dans tous les cas, vous aurez le sentiment d'avoir progressé puisque vous aurez essayé.

Encore faut-il apprendre à vous vendre, exactement comme un paquet de lessive. Chacun sait que malgré votre paresse chronique, vous êtes une personne exceptionnelle, bourrée de qualités remarquables et que seule la cécité de votre patron peut justifier qu'il vous maintienne à ce triste niveau de salaire. Cela étant dit, il va falloir redescendre sur terre et lui ouvrir les yeux... et ce n'est certes pas le plus facile.

BON À SAVOIR

L'argent n'est pas sale ! En vouloir un peu plus n'est pas honteux. Outre son aspect purement matériel (le fameux beurre dans les épinards), il constitue une forme de reconnaissance de la valeur du salarié. Il est donc naturel d'être payé à son juste prix. Le plus difficile reste de vous estimer vous-même.

Préparez votre entretien

Par pitié, oubliez les décolletés plongeants et la mini-micro-extra-small jupette pour vous affirmer. La séduction professionnelle passe d'abord par des résultats et du professionnalisme. À l'inverse, évitez la robe de bure et le col roulé, il vous suffit d'être le plus simple possible, élégante sans ostentation, bref, efficace. Vous devez être à l'image de la société : performante et racée. Groâr ! ! ! !

Scandez une quinzaine de fois « *J'aime le bureau, j'aime mon boulot, mon job est vraiment le plus beau* » et passez aux choses sérieuses !

SOYEZ ATTENTIVE À VOTRE ATTITUDE

L'habit ne fait pas le moine, mais l'attitude est criante de vérité. Comme son nom l'indique, cette communication non verbale se passe de mots, mais elle est très (parfois trop) bavarde. Il convient donc de la maîtriser. Il s'agit à la fois de l'intensité de la voix, du débit verbal, mais également de vos expressions, de vos gestes et de votre position.

Paresseuse effacée	Paresseuse épanouie
○ Visage inexpressif	○ Sourire
○ Assise le dos rond – statique	○ Dos droit mais pas tendu – mouvements déliés
○ Buste basculé vers l'arrière	○ Buste légèrement projeté vers l'avant
○ Voix atone et faible – débit saccadé	○ Voix expressive – débit régulier
○ Regard fuyant	○ Regard direct
○ Bras croisés, mains nouées	○ Gestes d'ouverture, paumes ouvertes
○ Mouvements intempestifs des jambes	○ Jambes au repos

Passez à l'action !

Méthode douce

Vous aurez bien entendu eu soin de préparer un argumentaire en béton qui prouvera à votre patron le bien-fondé de votre demande. Soyez donc claire et concise, sans oublier d'utiliser votre charme légendaire.

Votre discours doit être organisé *crescendo*.

- La demande : *« Monsieur, je viens solliciter une augmentation. »*
- Les raisons : *« Mon travail sur le projet Dugenou a permis de décrocher le budget Mouchabœuf et a ainsi augmenté de deux points notre résultat net de janvier. »*

Notez le pronom personnel « notre », qui souligne votre implication dans l'entreprise (Vive la *win-team* !). Préparez un certain nombre d'exemples attestant les objectifs atteints et validés.

- Concluez en bons termes : sachez dire « merci », plutôt que « Salaud ! »

— Si vous obtenez une réponse, remerciez-le chaleureusement, sans toutefois lui sauter au cou.

— En cas de refus, manifestez votre déception (sans fondre en larmes), mais remerciez-le d'avoir pris le temps de vous écouter. Bravo quand même ! Vous avez osé demander !

— Mi-figue, mi-raisin : soyez positive. Vous avez obtenu 5 % d'augmentation ? C'est mieux que rien du tout, et puis vous aurez l'occasion de reprendre la négociation un peu plus tard.

Méthode sournoise à éviter, à moins d'apprécier le goudron et les plumes

Expliquez clairement à votre patron que la boîte ne tourne que grâce à vous. Vos collègues étant des incompétents notoires, n'hésitez pas à dévaloriser leur travail. Tiens, profitez-en pour dénoncer Émilie, qui passe son temps à se faire les ongles pendant les heures de bureau ! Ah ! vraiment, heureusement que vous êtes là !

Méthode cash

On vous l'a sans doute déjà dit et répété mille fois : on n'a rien sans rien. Cette méthode n'est sans doute pas recommandable, mais elle peut être efficace, surtout si la politique de la maison est fondée sur la convivialité (souvent de façade).

Pendant la pause café, allez voir votre patron et demandez-lui :

— de vous augmenter ;

— de vous confier le juteux dossier Cherami/Bonsoir ;

— de vous prêter son chalet à Courch' ;

— et puis la Jag tant qu'il y est !

On ne sait jamais... sur un malentendu, ça peut marcher. Sinon ? Vous êtes virée !

LE BON CÔTÉ !

S'il refuse de vous augmenter, vous trouverez peut-être enfin le courage de chercher un autre job et, dans l'immédiat, vous n'aurez pas à changer de tranche d'imposition.

Votre patron vous réclame le dossier Mouchabœuf (nuit et jour)

Vous avez l'impression de vivre avec votre patron tant sa présence physique ou téléphonique est manifeste ? S'il vous poursuit de ses assiduités professionnelles bien au-delà des limites raisonnables, il va falloir le recadrer d'urgence.

Il va falloir lui dire « non » !

Pourquoi dit-on « oui » en permanence ? Tout simplement par peur de perdre l'affection/l'estime/la reconnaissance de l'autre. C'est en général exactement l'inverse qui se passe, mais c'est plus fort que nous. Il va falloir que ça change !

TROIS BONNES RAISONS DE DIRE « NON »

- **Pour se protéger en imposant des limites aux autres.**
- **Pour vous estimer vous-même : *« Je ne suis pas une lavette ! »***
- **Pour ne pas avoir à regretter d'avoir dit « oui ».**

Passez à l'action !

Méthode douce

- La demande insistante de votre vénéré chef doit être immédiatement suivie du « non » salvateur.
- Faites preuve de compréhension : *« Je comprends votre besoin urgent du dossier Mouchabœuf »*, puis exprimez de nouveau votre refus : *« mais je suis obligée de vous dire non »*.

- C'est théoriquement à ce moment précis que vous devriez mettre un terme à la conversation en le saluant, mais dans le monde cruel du travail, il faut le plus souvent passer à la phase suivante, celle de la négociation.

COMMENT RÉUSSIR VOTRE NÉGOCIATION

- Celle-ci ne doit intervenir qu'après avoir opposé un premier refus ; c'est à cette seule condition que votre interlocuteur vous proposera une autre solution ou écoutera celle que vous avez à lui faire.
- Après avoir rappelé les impératifs de chacune des parties : *« Je ne peux en aucun cas prendre en charge le dossier Mouchabœuf chez moi ce soir, mais je sais que vous en avez un besoin urgent »...*
- ... proposez une alternative ; par exemple : *« Je peux venir une heure plus tôt demain matin pour le boucler et je quitterai alors le bureau à 17 h au lieu de 18 h. »*
- Achevez votre proposition en demandant à votre interlocuteur ce qu'il en pense.
- S'il acquiesce, terminez la discussion de façon positive. C'est le principe du verre à moitié vide ou à moitié plein. Après tout, vous avez sauvé votre soirée, non ? D'autre part, l'âpreté de la négociation devrait freiner les futures ardeurs patronales.
- S'il refuse, cherchez une autre solution tout en maintenant votre refus. Ne soyez pas agressive, restez polie et affable, mais ne vous enferrez pas dans une négation pour le principe. Vive le compromis !

Méthode sournoise

« Hélas, je ne pourrai pas boucler ce dossier ce soir, j'en suis désolée. C'est vraiment dommage que Mireille ait prévu un arrêt maladie à compter de cet après-midi, enfin... Bref, je ne sais pas pourquoi je vous dis ça... D'autant qu'elle est très prise avec la somme de courrier personnel qu'elle apporte au bureau... » Vous êtes d'une fourberie sans nom !

Méthode cash

« Non, c'est non ! C'est clair ou vous êtes totalement bouché ? »

Ou bien :

« Faudrait voir à rincer les cages à miel, J'AI-DIT-NON ! »

Exercices pratiques

Le « non » n'est pas l'apanage du bureau, entraînez-vous au quotidien.

N'hésitez pas à dire « non » à vos enfants, à votre Jules, à votre mère, bref, à tous ceux qui se chargent de surcharger votre quotidien. Évitez toutefois d'en faire votre réponse systématique. On ne sait jamais, si Jules vous proposait une escapade romantique...

Votre patron vous intimide

Impossible de lutter, vous ne pouvez pas croiser votre patron sans rougir, lui parler sans bafouiller... Pas facile dans ces conditions de négocier quelques jours de congés en pleine charrette hivernale ! À moins que...

Les indices

Lorsque vous devez parler à votre patron, vous avez :

- la bouche sèche ;
- les mains moites ;
- un nœud à l'estomac, entre autres...

Ne cherchez pas, ce n'est pas une forme d'allergie : votre patron vous intimide. Pour surmonter cette angoisse – dont votre patron n'est certainement pas l'unique objet –, vous avez sans doute appliqué les méthodes classiques qui sont : a) l'imaginer aux W.-C., b) le visualiser tout nu dans la rue, c) toute autre situation ridiculisante ; vous avez pu constater que ce qui fonctionnait à peu près bien lorsque vous aviez six ans était devenu parfaitement inefficace à l'âge adulte. Il faut trouver autre chose...

Le travail sur soi

La première source de votre angoisse n'est pas votre patron lui-même, mais bien vous. C'est vous qui projetez sur sa personne vos peurs irraisonnées de l'ogre de votre enfance. Il convient donc de vous dompter vous-même en appliquant quelques petits principes de relaxation.

Respirez avec le ventre

Il s'agit d'une respiration de relaxation qui fonctionne à l'inverse de notre respiration habituelle. Ordinairement, nous respirons en gonflant le thorax ; il s'agit là de respirer avec le ventre, autrement dit de gonfler le ventre en inspirant, puis de souffler en dégonflant le ventre sans que le thorax bouge.

Ralentissez le rythme de votre respiration en faisant une douzaine de cycles complets dans une minute.

Relaxez-vous

— Décontractez-vous, assise sur une chaise.

— Posez vos avant-bras sur vos cuisses, laissez pendre vos mains et inclinez votre tête vers l'avant en conservant les yeux fermés.

— Respirez profondément et régulièrement.

— Prenez conscience des contractions de vos muscles, puis décontractez-les progressivement depuis les orteils jusqu'au front.

— Concentrez-vous sur des images positives : une sieste dans un transat, une séance de massage...

Passez à l'action !

Méthode douce

Préparez-vous en répétant très régulièrement les exercices de relaxation précédents, puis provoquez la rencontre. Lorsque vous croiserez le supérieur en question, commencez par le saluer aimablement en le regardant bien en face, augmentez ensuite la difficulté en lui déposant son courrier. Provoquez les rencontres anodines, sans toutefois verser dans l'excès car vos collègues risqueraient de vous taxer de « lèche-bottes ».

Au fil du temps, non seulement vous n'aurez plus le trac, mais en plus vous vous sentirez prête à lui demander une augmentation !

Méthode sournoise

Envoyez-lui une lettre anonyme avec des lettres découpées dans le journal : *« Patron... Vous me faites drôlement peur ! »*

Évitez le mail : côté anonymat, c'est nettement plus moyen !

Méthode cash

Là... on ne voit pas !

Votre patron vous harcèle (attention terrain glissant !)

Depuis les phrases du genre : *« Arrêtez de vous plaindre, vous devriez être bien contente de travailler chez nous, c'est nous qui avons du mérite »*, en passant par : *« Vous êtes décidément proche du degré zéro »*, jusqu'à : *« Tiens, voilà la bombasse »*, ou encore : *« Elle a mis tout son potentiel dans ses fesses »* (et encore, là, c'est édulcoré !), le harcèlement moral se décline sous bien des aspects dans l'entreprise.

Jusqu'à récemment, il était considéré sans gravité, pour ne pas dire normal, mais la loi de modernisation sociale de 2002 a mis les points sur les « i » et les pieds dans le plat. Une nouvelle preuve du manque chronique d'humour chez les filles !

Mais revenons à nos moutons. D'une part, le législateur a renforcé la lutte contre le harcèlement sexuel en aménageant un dispositif répressif, d'autre part, la notion de harcèlement moral a fait son apparition dans le code du travail.

Définissez le harcèlement moral

Il peut prendre diverses formes, depuis le refus de communication jusqu'aux menaces, en passant par les « mises au placard », les conditions de travail dégradantes ou encore la calomnie. En la matière, la loi précise que *« le fait de harceler autrui par des agissements répétés ayant pour objet ou pour effet une dégradation des conditions de travail susceptible de porter atteinte à ses droits et à sa dignité, d'altérer sa santé physique ou mentale ou de compromettre son avenir professionnel, est puni d'un an d'emprisonnement et de 15 000 euros d'amende ».* Mais attention ! Vous n'allez pas traîner votre patron en justice pour une simple réflexion ; la loi est formelle, les agissements doivent être répétés. Alors prenez votre mal en patience, notez ses agissements, relevez le nom des témoins et attendez votre heure.

Faites barrage au harcèlement sexuel

On parle de harcèlement sexuel lorsqu'une personne fait subir à un salarié ou à un candidat à l'embauche des contraintes ou pressions en vue d'obtenir des faveurs de nature sexuelle. De telles relations, obtenues par abus d'autorité, peuvent être pénalement qualifiées de viol. L'abus d'autorité en matière sexuelle peut être le fait de l'employeur, d'un supérieur hiérarchique ou d'un salarié quelconque de l'entreprise. Pas de quartier : il faut réagir, et vite !

BON À SAVOIR

Les victimes ou témoins d'actes de harcèlement sexuel ou moral bénéficient d'une protection.

Passez à l'action !

Méthode douce

Si vous vous estimez victime de harcèlement, qu'il soit moral ou sexuel, vous pouvez engager une procédure de médiation. Celle-ci permet de faire cesser les faits allégués et d'éviter ainsi toute action en justice.

- Une personne extérieure à l'entreprise est alors désignée comme médiateur à partir d'une liste de personnalités établie par le préfet.
- Le médiateur convoque les parties et s'informe de la relation qui existe entres elles.
- Il tente ensuite une conciliation et formule des propositions par écrit ayant pour finalité de mettre un terme au harcèlement.

Méthode plus ferme

En cas d'échec de la conciliation, le médiateur informe les parties des éventuelles sanctions encourues et des garanties procédurales prévues en faveur de la victime.

- Vous pouvez alors saisir la justice en déposant une plainte auprès du procureur de la République ou même du commissariat de police afin d'obtenir une sanction pénale.

- Vous pouvez également saisir le conseil de prud'hommes pour faire reconnaître qu'une mesure prise à votre encontre – un retard de promotion ou un licenciement, par exemple – est liée à un harcèlement moral ou sexuel dont vous êtes la victime ou le témoin.
- Enfin, toute organisation syndicale représentative dans l'entreprise peut, avec l'accord écrit du salarié, engager à sa place les actions en justice qui lui sont ouvertes.
- Dans tous les cas, vous devrez établir les faits permettant de présumer l'existence d'un harcèlement.

BON À SAVOIR

Pour toute information, adressez-vous aux représentants du personnel de l'entreprise, aux organisations syndicales, à l'inspection du travail, à la mission départementale aux Droits des femmes, à une association de défense des droits des personnes victimes de discriminations, au service de consultation gratuite des avocats (auprès de la mairie, du tribunal d'instance ou de grande instance).

Méthode cash

Vous lui collez votre poing dans la figure après lui avoir fait un Mae Ashi Geri, autrement dit un coup de pied de la jambe avant (mais vous aviez traduit vous-même !).

Euh... Évitez les témoins... !

Vos collègues ont les dents qui rayent le parquet et sont jaloux de vous

Hélas ! trois fois hélas ! Le patron n'est pas votre seul ennemi dans la boîte. Les collègues sont là et certains d'entre eux sont plus venimeux qu'un poisson-scorpion et plus puants qu'une hyène après un copieux repas de carcasses... Nombreux sont ceux qui ne cherchent qu'à se hisser au pinacle à vos dépens. Certes, les plus optimistes pourront toujours vous opposer quelques formidables collègues, si aimables qu'ils sont presque devenus des amis, mais les cas sont si rares qu'ils ne peuvent être considérés que comme d'amusants contre-exemples.

Alors, à quoi reconnaît-on un collègue soucieux de vous marcher sur la tête ?

Les indices

- Il vous sourit fielleusement, vous prend votre travail et se l'attribue.
- Il n'a de cesse d'entretenir un doute sur vos capacités professionnelles.
- Il sait toujours se mettre en valeur et se faire repérer là où vous restez dans l'ombre.

Vous êtes en présence d'un *Abominabilis Collegus*, alors soyez prudente ! Il va falloir déjouer ses pièges en toute discrétion.

Le travail sur soi

- Tout d'abord, balayez d'un revers vos idées roses portant sur le monde du travail. C'est un milieu froid, de rivalité, dans lequel il faut avant tout réaliser des objectifs. Votre collègue aux dents longues l'a bien compris. À vous d'en faire autant !
- S'il est jaloux de vous et qu'il tente avec l'habileté sournoise du renard de vous faucher vos idées, c'est qu'elles sont bonnes. Regonflez votre moral en berne !
- Profitez de la dynamique qu'il crée autour de vous. Regardez-le agir et apprenez à vous mettre en valeur.
- Êtes-vous sûre de partager les mêmes objectifs ? Regardez vos atouts, soyez attentive aux siens. Nul n'est semblable, et il y a fort à parier qu'il est bien moins habile que vous dans le traitement des impayés ! En revanche, lui enviez-vous vraiment son étonnante capacité à facturer plus vite que son ombre ?

LE BON CÔTÉ !

Profitez-en pour vous offrir un relooking. Vous vous sentirez mieux dans votre peau, donc vous serez plus performante, plus séduisante et, au final, plus heureuse.

Apprenez à vous mettre en valeur

Non, vous n'êtes pas nulle ; oui, vous avez une vraie valeur professionnelle. D'ailleurs, c'est même parce que vous en êtes intimement convaincue que vous souffrez de ce manque de reconnaissance. Si vous avez besoin de lumière, placez-vous un peu sous les spots.

— Là encore, le look est important : ni couleur de murailles, ni trop voyant, il doit véhiculer l'image de l'entreprise tout en vous mettant en valeur.

— Osez parler et proposer des idées à vos supérieurs hiérarchiques et même à vos collègues. En effet, ceux qui vous jalousent, tout comme les ambitieux, ne rêvent que de progresser. En étant le moteur de l'équipe, vous stimulerez l'activité de chacun tout en conservant une place particulière.

BON À SAVOIR

La réussite professionnelle ne passe pas systématiquement par la mise en avant. Vous pouvez très bien être une personne de l'ombre et vous y complaire en toute sérénité. Nous ne sommes pas égaux face à la reconnaissance sociale. Chacun son chemin !

Passez à l'action !

Méthode douce

- Même si parfois vous avez envie de coller au mur ce collègue aux dents longues, respirez profondément et conservez votre amabilité. L'envie et la jalousie s'usent sur un revêtement de politesse et un vernis d'indifférence.
- Plutôt que de le laisser s'attribuer votre travail, proposez-lui d'aller en parler vous-même au boss : *« Tu as raison, c'est important que le patron soit au courant de ce nouveau contrat, je vais de ce pas lui en parler. »*
- Encouragez-le dans son désir de promotion. Avec un peu de chance, s'il est nommé au deuxième étage, il vous fichera bientôt la paix !
- Si le patron décide de vous confier une mission/promotion et que votre collègue a du mal à cacher sa rancœur, la seule solution est de rester un modèle de gentillesse tout en reconnaissant que cette marque de faveur vous touche. Après tout, vous n'avez pas à vous dévaloriser pour lui faire plaisir.

Méthode sournoise à ne pas mettre en œuvre

Attendez qu'il soit parti et téléchargez des programmes osés depuis son ordinateur. Laissez également traîner un courrier compromettant sur son bureau afin que l'équipe de ménage ne puisse l'ignorer. C'est infect comme méthode !

Méthode cash

Coincez ce redoutable requin à la sortie du bureau et menacez-le de lui limer les dents dès sa prochaine fourberie !

LES COLLÈGUES SONT MACHOS

C'est agaçant... légitimement. Et pourtant, c'est difficile d'aller vous plaindre à votre chef de service de l'air avantageux que Stéphane ne manque pas de prendre lorsqu'il vous croise dans les couloirs. Certes, vous avez constaté un certain dédain des commerciaux (surtout Thomas, non ?) pour le *pool* dactylographique composé exclusivement de femmes, mais tout cela n'est qu'affaire de ressenti. La question du salaire mérite en revanche d'être discutée.

Là-dessus, un seul mot d'ordre : à travail égal, salaire égal !

C'est la loi ! Extrait de l'article L140-2 du code du travail : *« Tout employeur est tenu d'assurer, pour un même travail ou pour un travail de valeur égale, l'égalité de rémunération entre les hommes et les femmes. »*

Non mais !

Vos collègues sont plus performants que vous

En êtes-vous bien sûre ? Vous êtes convaincue de ne pas être aussi bonne commerciale que Josy, vous savez que le chiffre d'affaires de Clément est deux fois plus important que le vôtre ou que Myriam atteint des objectifs sidéraux que vous tenez pour de la science-fiction. Si oui, dites-vous bien que la rancœur et la jalousie ne servent à rien. La seule clé est celle du progrès. Posez-vous les bonnes questions et identifiez les obstacles qui vous freinent dans votre épanouissement professionnel.

Les indices

- Votre patron préfère éviter de vous confier des missions pointues.
- Vos demandes d'augmentation restent lettre morte.
- Vous ne vous sentez pas les compétences nécessaires dans certains domaines.

Bonne nouvelle ! Tout n'est pas perdu, vous n'êtes pas plus bête, ni moins efficace que vos collègues. Vous manquez simplement d'une formation adaptée.

Le travail sur soi

Certes, il faut travailler pour vivre, mais dans la mesure où le travail constitue une part essentielle de notre emploi du temps, il est préférable d'y prendre un minimum de plaisir. Pour cela, il faut soit se sentir à l'aise à son poste, soit en briguer un nouveau. Or, pour peu que vous soyez honnête avec vous-même, vous constaterez que les seuls véritables écueils à votre épanouissement professionnel sont la peur de l'échec et le manque de formation. Pour annihiler le premier, il va falloir s'occuper du second.

Vous démontrerez ainsi à la face du monde que la paresseuse que vous êtes sait, lorsqu'il le faut, se transformer en bourreau de travail (pas longtemps, promis !).

LE DROIT À LA FORMATION PROFESSIONNELLE

Quel que soit votre statut, que vous soyez salariée en contrat à durée indéterminée (CDI), en contrat à durée déterminée (CDD), intérimaire ou demandeur d'emploi, vous pouvez demander une aide financière pour vous former. La formation professionnelle vous tend les bras, laissez-vous enlacer !

- **Le CIF : sous réserve d'accord entre le salarié, l'employeur et l'organisme paritaire gestionnaire des fonds dédiés à la formation (Opacif, Fongecif, Agecif ou OPCA habilité), le congé individuel de formation permet de s'absenter de son poste de travail** pour suivre une formation de son choix, voire pour préparer et passer un examen avec une prise en charge complète ou partielle des frais et de la rémunération. Cette formation vous est ouverte si vous justifiez d'au moins 24 mois d'activité salariée et 12 mois d'ancienneté dans l'entreprise. Seul bémol : votre absence ne peut être supérieure à un an pour un stage à temps plein ou à 1 200 heures pour un stage à temps partiel.

- Le DIF : dernier-né en la matière, le droit individuel à la formation permet aux salariés titulaires d'un contrat de travail à durée indéterminée, à temps complet et disposant d'une ancienneté d'au moins un an dans l'entreprise, de bénéficier, sur simple demande, de 20 heures de formation par an cumulables sur six ans dans la limite de 120 heures.

Pour les salariés en CDI à temps partiel ou en CDD, le DIF est calculé au *prorata temporis*. Les intérimaires doivent quant à eux justifier de 2 700 heures travaillées dans l'intérim, dont 2 100 heures dans l'entreprise de travail temporaire auprès de laquelle la demande est déposée.

- Le VAE : la validation des acquis de l'expérience permet soit d'obtenir un diplôme à vocation professionnelle, soit d'intégrer une formation à laquelle vous ne pourriez théoriquement postuler puisque vous ne disposez pas du titre nécessaire. Chacun peut demander à bénéficier de la validation de ses acquis à condition de justifier d'une expérience professionnelle de trois ans en continu ou en discontinu, en rapport avec le contenu de la certification envisagée. L'obtention du VAE est soumise à une validation par un jury professionnel sur dossier et après entretien.

Les fausses excuses

- Mon patron va refuser de toute façon.
- Cette formation ne changera rien.
- Je n'y arriverai pas.

Tout est faux, du début à la fin (logique, sinon il ne s'agirait pas de fausses excuses !).

- Votre patron ne peut qu'apprécier ce type de démarche puisqu'elle valorise son employée et donc son entreprise. Et s'il refuse, voyez la suite !

- Cette formation vous apportera au minimum la satisfaction d'avoir essayé, elle élargira vos connaissances et vous permettra peut-être de décrocher une promotion.
- Se dire qu'on n'y parviendra pas revient à éviter d'essayer. En réalité, vous craignez sans doute d'être confrontée à votre réussite, et donc à un nouveau et vaste champ de possibilités. Un échec est finalement plus confortable.

Passez à l'action !

Méthode douce

- Pour demander à bénéficier d'une formation CIF, il vous suffit de présenter une demande d'autorisation d'absence écrite à votre employeur dans un délai de 60 ou 120 jours avant le début de la formation. Votre lettre devra comporter l'intitulé de la formation, la date d'ouverture, la durée, ainsi que l'organisme qui la réalise.

Votre employeur ne peut s'opposer à votre départ, mais il est en droit de le reporter s'il estime que celui-ci est préjudiciable à la bonne marche de l'entreprise ou bien si d'autres employés sont déjà absents pour la même raison au même moment.

Il vous reste ensuite à faire votre demande de prise en charge auprès de l'organisme paritaire gestionnaire des fonds dédiés à la formation auquel votre entreprise a cotisé. Celui-ci peut néanmoins refuser si la demande du salarié ne correspond pas à un stage de formation, ou pour insuffisance budgétaire.

- Pour le DIF, la loi ne précise pas les modalités de la demande, mais, en toute logique, elles sont similaires. Attention ! Le choix de la formation requiert l'accord de votre employeur. Le meilleur moyen pour emporter son adhésion reste encore de choisir une formation conciliant vos objectifs de carrière avec les besoins de l'entreprise. L'apprentissage du breton a ainsi moins de chance de le séduire qu'un perfectionnement en anglais !

À la suite de votre demande, votre patron dispose d'un délai d'un mois pour répondre. L'absence de réponse dans ce délai vaut acceptation du choix de formation.

- Le congé pour le VAE, d'une durée équivalente à 24 heures de temps de travail, est accordé à la demande du salarié, sur autorisation de l'employeur. La demande écrite doit être adressée à votre employeur au plus tard 60 jours avant le début des actions de validation et doit préciser le diplôme, le titre ou le certificat visé, l'organisme qui délivre la certification et les dates, ainsi que la nature et la durée des actions de VAE engagées. L'employeur a 30 jours pour rendre sa décision.

Méthode machiavélique ? Non, plutôt ferme !

- CIF : en cas de refus de la part de votre employeur, vous pouvez vous adresser aux délégués du personnel ou à l'inspecteur du travail si la demande a été reportée pour des raisons de service. Celui-ci ne dispose que d'un rôle de conciliation.
- DIF : si votre employeur refuse votre DIF deux années de suite, vous bénéficiez alors d'un accès prioritaire au congé individuel de formation (CIF), sous réserve que votre projet entre dans le cadre des priorités définies par l'un des organismes paritaires collecteurs agréés (OPCA) ou par le Fonds de gestion du CIF ou Fongecif.
- VAE : l'employeur ne peut pas refuser votre VAE, mais seulement le reporter. Le report ne peut excéder six mois à compter de la demande. Quand on vous dit que c'est possible !

Méthode cash

Si, malgré vos tentatives de conciliation, votre patron s'obstine à refuser votre CIF, il vous reste le recours contentieux devant le conseil des prud'hommes.

LES COLLÈGUES POSENT LA RAME

Qu'est-ce que ça peut vous faire ? Vous n'êtes pas tenue de faire leur travail ! Et s'ils vous le demandent, dites... NON !

Vos collègues adorent cancaner

C'est presque devenu un sport, au moins une sorte de tradition : *« Avec Radio ragots, on sait tout au bureau ! »* Certes, les ragots sont amusants, plaisants, parfois même intéressants, mais vous devez vous en méfier comme de la peste.

Qu'il s'agisse de la minijupe de la standardiste, de la mine cadavérique de l'employé aux fournitures ou des relations pour le moins douteuses du concierge avec la nouvelle du cinquième, dites-vous bien que demain il pourra s'agir de vous ! Et là, les choses seront nettement moins amusantes.

Le travail sur soi

- Si vous avez pour habitude de chroniquer sur Radio ragots, limitez les dégâts en ralentissant le rythme de vos émissions et surtout en changeant de ton.
- Évitez de critiquer les autres, n'oubliez jamais que si vous pouvez le faire, les autres le font aussi.
- N'adoptez pas une attitude sournoise qui pourrait laisser penser que vous êtes en train de dire du mal de quelqu'un. Par exemple, évitez les messes basses, le regard en dessous et les rires étouffés.
- Méfiez-vous de ce que vous entendez : le bouche à oreille a toujours tendance à déformer les propos. Or lorsque ceux-ci sont délibérément mal intentionnés ou simplement faux... vous imaginez le résultat !

- Soyez sociable, mais ne confondez pas relations de travail et amitié.

Passez à l'action !

Méthode douce

- Lorsque l'équipe de Radio ragots s'approche de vous, restez souriante, mais ne prêtez pas une oreille attentive. Soyez simplement diplomate et détournez la conversation : *« Je suis désolée Géraldine, mais je n'ai vraiment pas beaucoup de temps ce matin. D'ailleurs, tu as vu les nouvelles commandes Mouchabœuf ? Il faut mettre les bouchées doubles ! »*

- Ne vous épanchez pas lorsque Fabienne vous fait part de son étonnement à propos de la promotion de votre collègue : *« C'est pourtant toi qui méritais ce poste. »* Tous vos propos seront immédiatement colportés et, si possible... déformés !

Méthode sournoise

Lorsque Géraldine s'approche, prête à déverser son venin, prenez un air outré et assénez-lui un : *« Ça m'étonne beaucoup de toi... »*, avant d'ajouter : *« surtout après ce que j'ai entendu... Vous vous renvoyez la balle finalement... »* Et de conclure : *« Enfin, vos ragots de bacs à sable ne sont définitivement pas mon truc... Bonne journée »*, et tournez les talons. Elle ne devrait pas revenir tout de suite.

Méthode cash

« Tes ragots ne m'intéressent pas. Faut vraiment avoir un QI d'huître pour suivre vos salades. T'as vraiment que ça à faire ma pôv fille. »

10 PETITS TRUCS POUR S'AFFIRMER AU BUREAU

1. Ayez confiance en vous

Si vous voulez que votre patron vous remarque, vous devez prendre conscience de vos compétences et de votre place dans votre entreprise. Vous n'êtes pas moins performante que vos collègues, mettez-vous bien ça dans la tête.

2. Posez-vous les bonnes questions

Faites en sorte d'avoir les idées claires sur ce que vous souhaitez (responsabilités, promotion, augmentation, etc.) avant de solliciter un rendez-vous avec votre patron.

3. Sortez de l'anonymat...

Apprenez à connaître votre entreprise, intéressez-vous à vos collègues, à leur travail et à leurs centres d'intérêts.

4. ... mais restez discrète !

Ne tombez pas dans les ragots de mauvais goût autour de la machine à café, ils pourraient bien vous retomber dessus quand vous ne vous y attendrez pas. Ne dites rien sur vos collègues que vous n'aimeriez pas que l'on dise sur vous.

5. Redressez-vous !

Ne restez pas avachie devant votre ordinateur, redressez-vous, détendez-vous et souriez. Votre patron et vos collègues vous remarqueront et la politesse qui les obligeait à vous saluer deviendra plaisir.

6. Soignez votre tenue vestimentaire

Restez sobre. Faites en sorte de ne pas détonner avec le décor de votre entreprise en évitant les décolletés plongeants – qui ne feront pas avancer votre promotion – et les tenues monacales peu avenantes.

7. Apprenez à dire « non »

Quelques exercices seront nécessaires avant d'y parvenir, mais le soulagement ressenti au final mérite de faire cet effort.

8. Ne vous laissez pas faire

Réagissez face au harcèlement moral ou sexuel dont vous êtes victime (vous n'êtes certainement pas la seule). Des lois existent et des sanctions peuvent être appliquées. Informez-vous.

9. Ouvrez les yeux

Le monde du travail est cruel et vous êtes entourée de requins. Restez vous-même, discrète et aimable, et passez outre les pièges que vos collègues vous tendent.

10. Formez-vous

Si, malgré tout le travail que vous avez effectué sur vous-même, vous êtes toujours convaincue que vos collègues sont meilleurs que vous, pensez aux diverses formations professionnelles auxquelles vous pouvez avoir accès. Vous changerez peut-être d'avis et commencerez à vous sentir bien.

chapitre 2

Comment conserver votre paresse face aux multiples agressions quotidiennes

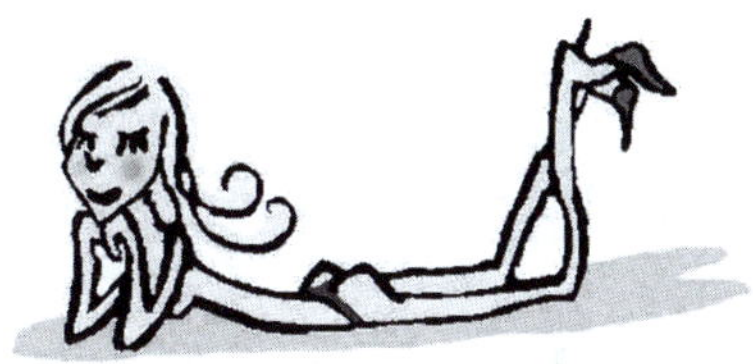

Et si vous appreniez à maîtriser votre tempérament au quotidien ?

Les gens sont méchants, pire, ils sont ignobles. C'est en tout cas votre sentiment lorsque vous devez mettre le nez dehors et faire face aux commerçants, voisins et autres administrations. Tous vous persécutent et vous conservez un admirable détachement... Admirable ? Disons que votre mutisme n'a d'égale que votre lâcheté. Inversement, lorsque la soupape saute, vous ne parvenez plus à maîtriser votre colère. Il est temps de combattre pied à pied avant de devenir une misanthrope chronique et silencieuse !

Dressez votre bilan relationnel

1. Vos voisins...

a) Étaient sympathiques au début... Ils cachaient bien leur jeu.	1
b) Sont antipathiques. Le simple fait de leur dire bonjour vous hérisse le poil.	2
c) Vous ne leur adressez plus la parole.	3

2. Un commerçant se trompe en vous rendant la monnaie.

a) C'est un bandit de haut vol qui vous a vue venir, vous vous mettez en colère bruyamment.	2
b) Vous le lui faites remarquer, mais vous n'êtes pas dupe de sa malhonnêteté.	1
c) Vous vous excusez en lui demandant pardon...	3

3. Votre banquier vous demande de passer à l'agence.

a) Vous quittez le bureau le plus tôt possible pour vous rendre à ce rendez-vous dans vos petits souliers.	1

b) Vous faites semblant de ne pas avoir eu son message.	3
c) Vous inventez une histoire abracadabrante pour vous excuser d'avoir eu un découvert le mois dernier.	2

4. La chasse d'eau continue de fuir malgré l'intervention du plombier.

a) Vous tentez de réparer seule plutôt que de rappeler le plombier.	2
b) Vous rappelez le plombier en lui proposant de lui payer de nouveau son intervention.	3
c) Vous êtes angoissée à l'idée de lui téléphoner, mais vous prenez sur vous pour l'appeler.	1

5. Les services fiscaux vous demandent de justifier un abattement.

a) C'est une persécution, vous êtes maudite. Vous renoncez à envoyer le document prouvant votre bonne foi.	3
b) Vous envoyez un courrier très (trop ?) détaillé pour vous justifier.	1
c) Vous téléphonez pour en savoir plus et ne parvenez pas à contenir votre colère.	2

RÉSULTATS

- **Vous avez une majorité de 1.**

Vos interlocuteurs vous agacent. Il vous suffirait seulement de vous imposer pour vous sentir mieux.

- **Vous avez une majorité de 2.**

Vous passez de la colère à l'abattement : vous devez apprendre à doser, sans brider votre personnalité.

- **Vous avez une majorité de 3.**

Vous vous sentez impuissante, voire insignifiante. Secouez-vous !

Voici quelques cas pratiques qui vont vous permettre de vous affirmer en toute tranquillité et selon votre tempérament.

Vos voisins font du bruit

Ne vous fiez pas aux apparences, vos voisins ne sont pas forcément des monstres. Ils n'ont simplement pas conscience qu'ils sont bruyants. Peut-être même sont-ils simplement sourds ou allergiques aux chaussons. Allez-vous précipiter leur exécution alors que ces pauvres gens ignorent eux-mêmes qu'ils sont source de nuisance ? À l'inverse, allez-vous continuer à porter des protections auditives nuit et jour ? N'est-ce pas ? Ohé ? !

Cela dit, vous exagérez peut-être un peu, non ?

Les indices

- Vous avez l'impression d'avoir un troupeau de zébus au-dessus de la tête.
- Ils écoutent en boucle les standards des bals musettes, à moins qu'ils en organisent sous leur toit, à en juger par le niveau sonore...
- Vous ignoriez que vous aviez emménagé à côté d'une garderie d'enfants sauvages.

Admettons, vos voisins sont sans doute un peu bruyants... voire totalement insupportables. Il va falloir faire passer le message !

Travail sur soi

- Aussi surprenant que cela puisse paraître, le bruit est parfois subjectif. Ainsi, vous n'avez pas pensé à vous plaindre des cris de joie de vos voisins lors de la dernière Coupe du monde de foot pour la simple et bonne raison que la réjouissance était collective, donc contagieuse, et surtout que vous hurliez encore plus fort qu'eux.
- Peut-être vous arrive-t-il également d'être un tantinet bruyante en dehors de tout agenda sportif, raisonnablement tolérable... Commencez donc par ôter la poutre que vous avez dans l'œil avant de vous attaquer à la redoutable question des voisins. Chez vous, pensez à baisser le son de la télévision à la nuit tombée, ôtez systématiquement vos escarpins, empêchez Médor d'aboyer après les papillons dans le jardin. Bref, pensez aux autres !
- Pour autant, ne faites pas profil bas. Vous avez le droit de profiter de votre paresse dans un environnement sonore acceptable. Mais attention à ne pas confondre compréhension et faiblesse.

OREILLE MUSICALE

Au-delà des nuisances d'usage (déplacement, voix, télévision, chasse d'eau...), le cas des musiciens du dimanche est certes plus délicat. Tout le monde a le droit de jouer d'un instrument chez lui. Il faut donc que ce droit puisse s'exercer sans pour autant compromettre d'autres attentes légitimes : le droit au repos, le droit au silence et, pourquoi pas, le droit de ne pas aimer la musique de l'autre ! Le bruit des instruments de musique est d'ailleurs considéré comme l'un des principaux troubles de voisinage.

Passez à l'action !

Méthode douce

Si vous ne supportez plus la *Lettre à Élise* jouée en boucle au basson, réagissez... en douceur. Essayez la procédure dite « amiable ».

- En premier lieu, après avoir formellement identifié l'auteur de ce qu'il paraît difficile de qualifier de musique, informez-le de votre gêne.
- Invitez-le éventuellement à venir constater chez vous le niveau sonore, pour qu'il en prenne conscience.
- Si la voie du dialogue semble ouverte, évoquez alors ensemble les moyens possibles pour améliorer la situation. Dans bien des cas, une solution de bon sens existe. Non, non, jeter sa guitare dans la cour de l'immeuble n'en est pas une !
- S'il vous semble trop difficile d'aller expliquer à votre voisin qu'il vous gêne, une lettre courte l'informant courtoisement du problème et le prévenant de votre prochaine visite pour en discuter est aussi une bonne entrée en matière.
- Votre voisin tarde à réagir, mais le vacarme persiste, alors une réplique graduée s'impose. Une simple lettre rappelant la réglementation applicable en la matière, suivie, deux semaines plus tard, d'une lettre recommandée, s'imposent.

Méthode sournoise

Si vos courriers restent sans effet et que le voisin se cache dès qu'il vous croise dans l'escalier, envoyez-lui un médiateur. Cette méthode totalement gratuite permet aussi de passer à la vitesse supérieure en se sentant un peu épaulée.

- Vous devrez faire appel à un tiers non impliqué dans le conflit : il peut s'agir d'un membre du syndic, d'un gérant, du gardien ou encore d'un membre d'une association spécialisée.
- Il convoque les deux parties et tente de trouver une solution acceptée, voire négociée par les principaux intéressés.
- Lorsqu'elle réussit, la médiation aboutit à la signature d'un accord qui peut prévoir la réparation du préjudice sous forme pécuniaire ou grâce à la réalisation de travaux.

- Vous pouvez aussi faire appel à un conciliateur qui est une personne bénévole, nommée par le président de la cour d'appel, pour tenter de régler ce type de litiges.

Méthode cash

Aux armes paresseuses ! En cas d'échec de la médiation, il va falloir prendre votre courage à deux mains et aller plus loin, et pour cela faire constater l'infraction. Le plus simple est de vous adresser au maire de votre commune. Qui a dit que vous étiez timorée ?

- Les pouvoirs de police du maire font de lui le garant de la tranquillité publique. Il peut donc diligenter des agents municipaux assermentés pour venir constater les troubles.
- Dans les communes pourvues d'une police municipale et ayant passé certaines conventions, ces constatations peuvent s'effectuer de jour comme de nuit. Contrairement aux bruits provoqués par des activités professionnelles, une simple constatation auditive suffit alors au constat de l'infraction.
- Après avoir vérifié le bien-fondé de la plainte, l'agent contacte le fauteur de bruit pour lui rappeler la réglementation en vigueur.
- Un autre recours peut ensuite être exercé auprès du commissariat ou de la gendarmerie.
- Vous avez tout tenté, mais votre voisin est un insupportable malotru ? Il vous reste à porter plainte. Transmettez votre procès-verbal ou votre plainte au procureur de la République. Vous pourrez alors saisir un tribunal (pénal ou civil) pour faire valoir vos droits.

Exercices pratiques

Commencez par être polie ! La mise au point qui suivra n'en sera que plus efficace. Ne manquez pas de saluer votre voisin lorsque vous le croisez sur le palier.

Soyez aussi souriante que possible. Son attitude changera peut-être à mesure que vous serez plus aimable. À défaut, passez à l'attaque !

BON À SAVOIR

Il n'y a pas que des problèmes de voisinage. Le ministère chargé de l'Écologie et le Centre d'information et de documentation sur le bruit organisent régulièrement des assises nationales de la qualité de l'environnement sonore. Une directive européenne prévoit de dresser des cartes du bruit stratégiques et de mettre au point des plans de prévention et de réduction des nuisances sonores, notamment celles ayant pour origine les transports.

Vos voisins considèrent que vous faites du bruit

Comment ça, votre si mignon yorkshire aboie nuit et jour ? Votre voisine de gauche se plaint de la propension de votre cher et tendre à claquer les portes ? Celle de droite critique votre manie de déplacer vos meubles ? Ce n'est pas votre faute si l'immeuble est un ancêtre qui craque de toute part. Et pourtant...

Les indices

- Vous êtes obligée d'élever la voix pour vous faire entendre.
- La télévision et la radio fonctionnent simultanément en permanence.
- Vos voisins, si aimables, ne vous adressent plus la parole.

Commencez par reconnaître que vous n'êtes pas la seule à vivre dans cet immeuble et que vos voisins aspirent aussi à un peu de tranquillité.

Travail sur soi

L'oreille au sol

Si vous avez remplacé votre vieille moquette par un parquet flambant neuf, il se peut que l'isolation aux bruits d'impact soit amoindrie.

— Commencez par suivre l'exemple des Japonais qui retirent leurs chaussures avant d'entrer chez eux. Les pantoufles ou des chaussettes sont tellement confortables, et puis c'est l'occasion de relancer la mode des charentaises. Un seul conseil : n'imposez pas leur port ou, pire encore, celui des antiques patins, à vos invités.

— Collez des feutres ou des embouts de caoutchouc sous les pieds des meubles que vous déplacez souvent.

— Posez sur votre plancher un revêtement de sol textile comme un tapis.

— Si les troubles constatés par le voisinage sont vraiment intenses, faites poser un sol flottant par un spécialiste. Pour atténuer le bruit, un revêtement de sol doit être résilient, c'est-à-dire souple et élastique. Dans tous les cas, ce n'est pas parce que vous avez un jour réussi à coller du papier peint que vous êtes à même de vous atteler à ce type de travaux. Alors faites confiance aux pros !

L'oreille au mur

— Si le jeune couple du deuxième vous reproche d'écouter trop fort la musique, éloignez les haut-parleurs des cloisons séparatives et du sol. Ne les posez pas directement sur le sol, mais sur une plaque de caoutchouc ou de moquette.

— Pensez également au casque.

Tapage ? Vous avez dit tapage ?

Vous recevez vos amis et vous estimez avoir le droit de faire un peu de bruit ? Contrairement à une croyance persistante, le « droit » d'organiser une fête bruyante une fois par mois est un mythe qui n'a aucun fondement juridique. C'est à vous de prendre vos précautions pour ne pas trop importuner vos voisins. La moindre des courtoisies étant de les prévenir !

Silence, Médor !

Si c'est votre meilleur ami à quatre pattes qui est à l'origine des plaintes de vos voisins, sachez que vous êtes responsable des nuisances qu'il provoque (article 1 385 du code civil et article 48-2 du code de santé publique). Essayez les colliers antiaboiements.

Passez à l'action !

Tout doux ! Avant de monter sur vos grands chevaux, rappelez-vous que vous n'avez pas été la dernière à signer la pétition qui intimait l'ordre à l'étudiant du 3e de ne plus programmer la Fête de la musique tous les samedis soirs dans son minuscule studio.

Méthode douce

Dans votre cas, il n'y a pas d'autre choix que la méthode douce.

Reconnaître ses torts n'est pas une preuve de faiblesse, au contraire. Il faut du courage pour admettre qu'on a pu mal agir et faire en sorte d'arranger les choses. Mettez votre orgueil de côté et prêtez l'oreille aux doléances de vos voisins. Ils vous expliqueront la cause de leurs griefs et vous pourrez tenter de trouver une solution ensemble.

BON À SAVOIR

- **Association de défense des victimes de troubles de voisinage (ADVTV)**

Lieu-dit La Croix-Rouge, 38470 L'Albenc. Tél./fax : 04 76 36 55 39.
L'ADVTV, fondée en 1980, est représentée dans 40 départements par un délégué bénévole, chargé des relations avec les pouvoirs publics locaux : maires, préfets et sous-préfets, Ddass, afin que soient réglés les cas individuels.

- **Centre d'information et de documentation sur le bruit (CIDB)**

12-14, rue Jules-Bourdais, 75017 Paris. Tél. : 01 47 64 64 64.
www.cidb.org

Vos voisins empiètent sur votre espace vital

Vivre en bonne intelligence avec ses voisins ne coule pas de source et suppose même parfois de faire preuve d'une large ouverture d'esprit ! L'invasion a-t-elle commencé ?

Les indices

- Une opération de reboisement semble être en cours depuis leur jardin jusque dans le vôtre.
- La fenêtre de leur salon donne sur votre salle de bains, pratique pour les mondanités, moins pour l'intimité...

- Ils sont taquins ! Leur voiture bloque systématiquement votre sortie de garage...

Souriez, ça va s'arranger !

BON À SAVOIR

En vertu de l'article 544 du code civil, chacun peut exercer son droit de propriété *« de la manière la plus absolue, pourvu qu'on n'en fasse pas un usage prohibé par les lois ou par les règlements »*. **Ainsi, en clair, vous êtes maître chez vous, mais la vie en société impose des devoirs à tous.**

Passez à l'action !

Méthode douce

- Commencez par exposer à votre voisin une batterie d'arguments susceptibles de le convaincre du bien-fondé du « chacun chez soi ». Premier d'entre eux : l'in-ti-mi-té ! Vous avez le droit de vous promener en tenue d'Ève dans votre jardin, et votre voisin aussi ! Attention, n'abusez pas de cet argument qui pourrait l'inciter à faire jardin d'Éden commun...
- Lorsque les limites de votre propriété sont précisément définies, vous avez le droit de clore votre terrain. La solution idéale est de vous mettre d'accord avec votre voisin pour construire un mur mitoyen ou pour installer une haie.

Méthode sournoise

- Il dépasse les bornes ? Posez-les ! Faites intervenir un géomètre expert. Il effectuera des mesures sur place, consultera les documents du cadastre et installera des repères qui délimiteront vos propriétés. Le mieux serait d'en discuter avec le voisin afin de partager les frais, mais s'il est obtus, n'insistez pas. Votre tranquillité vaut un petit sacrifice...

- Si votre voisin refuse de faire construire un mur mitoyen, vous devrez placer la clôture à la limite de votre terrain, car si vous l'installez à cheval sur la ligne séparative, elle empiétera de quelques centimètres sur son terrain. Il sera alors en droit d'en demander la démolition, le goujat ! Toutefois, les choses sont un peu différentes si vous habitez en ville ou en banlieue. Il est alors possible d'obliger votre scrogneugneu de voisin à installer une clôture mitoyenne.

Méthode cash

Si, malgré vos efforts de persuasion, votre voisin s'obstine à refuser toutes vos propositions de mur mitoyen, vous devrez alors demander une autorisation judiciaire devant le tribunal de grande instance.

Exercices pratiques

Vous surprenez régulièrement le fils de votre voisin de droite avec une longue-vue à la main quand vous enfilez votre Bikini. Comment réagir ?

En fermant les rideaux... et en lui montrant que vous l'avez vu !

Afin de limiter ce type d'indiscrétions, la loi impose certaines contraintes, notamment en ce qui concerne la distance et la hauteur des ouvertures. Une vue est un aménagement qui permet d'apercevoir le terrain voisin. Il peut s'agir d'une fenêtre, d'un balcon ou d'une terrasse. La vue est dite « droite » lorsque l'ouverture permet de voir le terrain contigu en regardant en face sans se pencher. Pour installer une telle ouverture, la distance minimale à respecter est de 1,90 mètre entre l'ouverture et la limite de la propriété voisine. La vue dite « oblique » est l'espace aperçu lorsque vous regardez sur les côtés et non plus dans l'axe de la fenêtre. Dans ce cas, la distance doit être d'au moins 60 centimètres entre l'ouverture et la limite de votre terrain.

Si votre voisin ne respecte pas ces règles, vous pouvez demander la démolition de l'aménagement ! Mais reconnaissez qu'il serait plus judicieux de tenter la conciliation avant d'intenter une quelconque action en justice.

L'eau de la gouttière voisine s'écoule directement dans votre jardin

Demandez aimablement à votre voisin de déplacer sa gouttière. S'il rechigne, rappelez-lui que l'eau de pluie qui tombe d'un toit doit être rejetée sur le terrain du propriétaire de la construction. En revanche, vous ne pouvez pas empêcher l'écoulement naturel d'eaux pluviales ou de source depuis un terrain situé en amont du vôtre.

L'arbre de votre voisin envahit votre jardin et vous n'avez qu'une seule envie : lui faire une coupe au bol

N'en faites rien ! Vous ne pouvez pas prendre l'initiative de couper ces branches même si elles empiètent sur votre propriété. Tout comme vous ne pourriez pas en cueillir les fruits – seuls les fruits tombés sur votre sol sont censés vous appartenir ; dommage, ils sont blets...

Toutefois, vous pouvez obliger votre voisin à le faire. En effet, l'article 673 du code civil impose à chaque propriétaire d'élaguer les branches qui dépassent la limite séparative des deux propriétés.

Vos voisins existent...

Les voisins existent... Je les ai rencontrés....

Les indices

- Vous avez croisé des gens dans l'escalier de l'immeuble.
- Vous entendez marcher au-dessus de votre tête.
- Vous avez remarqué des noms différents et des tas de boutons sur l'interphone.

Aucun doute, vous avez affaire à des voisins !

Eh non, vous n'êtes pas seule au monde ! Si cela vous pèse trop, vous pouvez prendre votre baluchon et partir à la découverte des charmes du Cantal, mais si vous êtes une citadine convaincue, cessez de maugréer : on ne peut pas faire autrement.

Certes, vous ne partagez pas le goût pour le Tour de France de votre voisin du dessus, ni la passion pour la musique électronique de votre petite voisine de droite. Il faut reconnaître que les effluves émanant de la cuisine de l'appartement de gauche ont de quoi retourner l'estomac le plus solide, mais...

Mais les soirées que vous passez avec vos copines à hurler dès que vous apercevez le joli minois du héros de *Prison break* peuvent aussi indisposer vos voisins !

Et puis, reconnaissez que ceux que vous critiquez à la moindre occasion peuvent aussi vous être d'un grand secours ! N'est-ce pas Mlle André qui a arrosé vos plantes pendant votre trekking au Népal ? M. Martin n'a-t-il pas réparé la porte de votre cave ? Et la si fragile et si âgée Joséphine qui s'est occupée de votre chat pendant votre week-end à Londres ? Alors relativisez les quelques problèmes que vous rencontrez avec vos voisins et apprenez à mieux les connaître.

Les fausses excuses

- Je n'ai rien à leur dire.
- Je ne vois pas l'intérêt.

Faux, archi-faux, une fois de plus ! Vous avez de multiples choses à vous dire puisque vous avez certains points communs, à commencer par le fait d'habiter le même quartier, le même immeuble et de fréquenter la même boulangerie ! Si ça, ce ne sont pas des points de rapprochement ! Quant à l'intérêt, il est évident. Vous allez pouvoir savoir à quelle heure passent vraiment les éboueurs, vous mettre d'accord au sujet du passage de la tondeuse, voire trouver des volontaires pour votre transport d'armoire normande ! N'est-ce pas absolument étourdissant ?

Passez à l'action !

Méthode festive pour mieux connaître vos voisins (qui sont des gens formidables)

Allez à leur rencontre ! La Fête des voisins justement, vous connaissez ? Cette manifestation nationale qui a lieu tous les ans au mois de mai a pour but de recréer la convivialité dans les grandes villes. Vous doutez ? Voici trois bonnes raisons de vous lancer à corps perdu dans l'aventure !

- Cette fête permet de trinquer avec celles et ceux qui sont géographiquement les plus proches de vous et de désamorcer d'éventuels conflits larvés.

- Vous allez faire une vraie BA (bonne action et non pas bonne affaire... Belle mentalité !) en développant une solidarité intergénérationnelle. En effet, les personnes âgées, souvent coupées de leurs familles et de leurs amis, sont les premières frappées par l'isolement. En tant que voisine, vous pouvez leur accorder un peu de temps, d'écoute, d'attention, et tout simplement un peu de chaleur.
- C'est l'occasion de vous faire de nouveaux amis. Idéal pour les soirs de cafard !

Méthode machiavélique

Cette manifestation est aussi l'occasion de développer une réelle solidarité de proximité allant du simple « bonjour » à la garde d'enfant, en passant par l'arrosage des plantes ! Ça vaut le coup de se faire un peu violence, non ?

ORGANISEZ LA FÊTE

Profitez de cette journée pour faire mentir le proverbe qui dit *« Une haie entre voisins préserve l'amitié ! »* et contribuez ainsi à l'animation et à la vie de votre quartier.
Mais ne la préparez pas toute seule dans votre coin. Le meilleur moyen de faire venir du monde à cette journée, c'est encore d'en parler autour de vous et d'impliquer vos voisins dans la préparation.

- **Récupérez des affichettes dans votre mairie, si elle est partenaire de la manifestation, ou sur Internet puis collez-les dans le hall de votre immeuble, sur les portes d'entrée et dans les ascenseurs.**
- **Laissez un papier et un crayon dans le hall afin que chacun y note sa participation : salade, quiche, sodas...**
- **Ensuite, attelez-vous à la rédaction des invitations que vous pourrez personnaliser en fonction du ton que vous souhaitez donner à cette soirée.**
- **Veillez à obtenir l'accord du syndic et/ou du gardien pour organiser la fête dans les parties communes, la cour, le hall ou le jardin de l'immeuble.**
- **Enfin, pensez à la décoration et à la musique. Mais attention à ne pas importuner les voisins qui ne participeraient pas à la fête. Ce n'est pas le moment de vous fâcher avec les derniers récalcitrants !**

• Le jour dit, ne restez pas dans votre coin. Le but est de mieux connaître vos voisins, alors faites le premier pas et présentez-vous. Les timides vous en seront reconnaissants. Et c'est peut-être l'occasion pour vous de faire sourire le beau brun ténébreux !

Votre banquier vous réclame des sous

Comment ça, vous avez acheté la panoplie complète du supporter de l'OM sur Internet ? Certes, vous avez craqué sur un petit ensemble, mais c'était pour la bonne cause (hum...) ! Oui, il y a bien eu cette séance complète de manucure, pédicure, épilation, modelage relaxant...

Votre compte, déjà fort peu gaillard, frise l'anorexie et votre banquier brame...

Les indices

- Les lettres recommandées succèdent aux coups de fil.
- Votre carte de crédit est refusée systématiquement et vous êtes quasi sûre que ce n'est pas un problème de code.
- N'est-ce pas un huissier qui rôde derrière votre porte ?

OK ! La situation est grave ! Inutile de tergiverser, c'est le moment de faire le point. Sans perdre de vue que c'est vous la cliente.

LE BON CÔTÉ !

Pendant que vous réglez ce petit problème technique, les soldes approchent ! Vous serez réconciliée avec votre banquier et fin prête à refaire votre garde-robe à l'issue de ce petit contretemps.

Travail sur soi

Vérifiez

Avant de sombrer dans la déprime ou de vous laisser aller à la colère, compulsez vos relevés de compte en version papier ou par Internet. Pointez toutes vos dépenses en les comparant avec vos tickets de carte bleue et le talon de votre chéquier. Vous ne notez rien ? Bon... Regardez quand même les relevés pour prendre connaissance de l'abîme dans lequel a sombré votre compte. Et prenez la décision de vous pencher sur la question chaque semaine.

Assumez

Vous êtes une femme responsable ! Paresseuse, certes, mais responsable. Oui, vous avez acheté ce superbe trench hors de prix, mais il était tellement beau... Faute avouée est déjà à moitié pardonnée !

Préparez-vous à l'entretien

Inutile de jouer le détachement en arrivant les mains dans les poches avec une foultitude d'excuses vaseuses. Munissez-vous des éléments et prenez de bonnes résolutions. Le banquier n'est pas l'être ignoble que vous imaginez. Il se fiche de vos justifications, mais appréciera que vous fassiez preuve de bonne volonté.

BON À SAVOIR

Dressez un état des lieux de vos rentrées d'argent et de vos dépenses indispensables (loyer, électricité..., rien d'autre !). Lorsque le solde est positif, conservez un tiers pour les dépenses inattendues ou pour l'épargne. Le reste... est prêt à être dépensé !

Passez à l'action ! S'il y a une erreur sur votre compte...

Surtout ne vous énervez pas et contestez l'achat par écrit. Votre banquier recréditera automatiquement votre compte, puisque ni votre code confidentiel ni votre signature n'ont été utilisés.

Passez à l'action ! Si vous êtes clairement en faute...

Méthode douce

- Soyez humble, mais ne prenez pas un air coupable. Le banquier n'est pas là pour vous tancer. Après tout, vous êtes une cliente. Demandez-lui de vous donner un coup de main pour remettre de l'ordre dans vos comptes. Il appréciera votre clairvoyance. Enfin quelqu'un reconnaît ses qualités professionnelles. Lui aussi a besoin de reconnaissance !
- Fixez éventuellement avec lui un rendez-vous mensuel pour vous forcer à suivre son plan de bataille de remise à flot de votre compte.
- Attention ! Ne vous laissez pas griser par cette nouvelle amitié ! Votre banquier est un commerçant. Pas question de vous laisser embobiner en achetant des produits bancaires pour lui faire plaisir.
- Refusez fermement les réserves de crédit permanent qui ont tout du supplice de Tantale et se paient au centuple.
- Vous pouvez en revanche le laisser vous vanter les mérites des comptes épargne. Ce type de placements vous permet de conserver de l'argent au chaud et de ne pas mettre tous vos œufs dans le même panier.

Méthode machiavélique : passez par un tiers. Vive le médiateur !

- Si vous êtes en conflit avec votre banquier concernant la fermeture de votre compte et que vous hésitez entre le duel ou l'exil, vous pouvez faire appel au médiateur bancaire. Celui-ci intervient en dernier recours lorsque toutes les possibilités de dialogue avec la banque ont été épuisées.
- Le médiateur est compétent pour des questions liées au fonctionnement du compte. Il peut intervenir si le litige porte sur la convention de compte bancaire (son ouverture et son contenu), sur le fonctionnement et la clôture du compte, sur les services et moyens de paiement attachés au compte (carte bancaire, chéquier...). En revanche, il est inutile de faire appel à lui pour des opérations de crédit, des produits d'épargne, des assurances ou au sujet d'un compte professionnel. Toutefois, quelques établissements étendent le domaine d'intervention de leur propre médiateur au-delà du cadre défini par la loi.
- Pour trouver les coordonnées du médiateur, tentez de mettre la main sur la convention de compte de votre établissement bancaire qui doit être cachée sous une pile de documents dans le grenier.

Selon les cas, les coordonnées indiquées correspondent au médiateur interne à votre réseau bancaire ou, à défaut, au médiateur de la Fédération bancaire française (FBF), commun à la profession. Vous pouvez également retrouver ces coordonnées sur le site de la Banque de France (www.banque-france.fr).

QUE DIRE AU MÉDIATEUR ? EUH... VOUS ÊTES BEAU ?

- Saisissez-vous de votre plus belle plume et envoyez-lui une lettre en recommandé avec accusé de réception. Ne vous inquiétez pas pour la santé de votre compte en banque déjà mal en point : le recours au médiateur est gratuit pour le client.
- Envoyez un dossier complet : décrivez le litige, le contenu de votre demande et joignez les photocopies des éléments justificatifs. Soyez sobre et n'en faites pas trop ;

surtout ne croyez pas que votre remarquable sens de l'humour fera pencher la balance de votre côté !

- **Transmettez-lui également les courriers échangés avec votre conseiller, la direction de votre agence bancaire et le service clientèle de votre banque. N'oubliez pas d'indiquer vos coordonnées personnelles et bancaires (numéro de compte, adresse de l'agence gestionnaire du compte...).**

Le médiateur rend un avis dans un délai de deux mois, le plus souvent écrit, dans lequel il vous propose une solution, à vous et à la banque.
Ni l'un ni l'autre n'êtes obligés d'accepter la recommandation du médiateur. Toutefois, certaines banques ont pris l'engagement de suivre l'avis du médiateur et renoncent à leur droit de contester la décision rendue par celui-ci.
Si la solution préconisée par le médiateur ne vous convient pas, vous pouvez saisir le tribunal compétent.

Méthode cash

Partez ! Mais ne rêvez pas, cette solution ne convient qu'aux bons clients qui en ont ras la casquette de leur banque

Vous pouvez vous offrir ce luxe si, par exemple :

— malgré vos demandes réitérées, votre conseiller ne vous transmet pas les éléments demandés ou ne gère pas vos comptes selon vos instructions ;

— si, à chaque changement de conseillers (tous les six mois), vous êtes obligée de venir expliquer votre situation financière au nouveau venu qui tente immanquablement de vous vendre ses produits ;

— si la banque vous refuse un réexamen du taux d'intérêt de votre crédit ou vous refuse injustement un nouvel emprunt.

Dans ces cas, il ne vous reste qu'à démarcher d'autres établissements avec vos bulletins de salaires, vos avis d'imposition et vos relevés de compte sous le bras. Vous serez surprise de l'énergie que mettront ces nouveaux interlocuteurs à obtenir vos faveurs. Il ne vous restera plus qu'à clôturer vos comptes avec une lettre recommandée et éventuellement un entretien préalable. À moins que votre banquier se mette en quatre pour conserver vos faveurs... C'est bon de se sentir aimée !

Vos entrepreneurs font preuve d'une mauvaise foi sans égale

Les travaux de votre nouvelle salle de bains ont commencé. Enfin ! Vous vous imaginez déjà dans votre baignoire à remous entourée de bougies à la vanille pendant que votre chéri prend sa douche. Plus de disputes pour pénétrer le premier dans ce lieu sacré, plus de cris parce que vous passez (soi-disant) au moins trois heures par jour devant l'unique miroir de la salle de bains.

Vous avez en effet tout prévu pour que ce lieu soit un havre de paix. Seulement, pour le moment, c'est loin d'être le cas : la salle de bains est pleine de poussière et d'ouvriers contemplatifs ! Vous doutez de leur capacité à avoir terminé les travaux avant 2025 ?

Les indices

- Les travaux ont commencé depuis six mois et vous n'avez vu les ouvriers que 48 heures.
- La mère du chef de chantier est décédée trois fois au cours des deux derniers mois...
- C'est la faute au temps, à la conjoncture, à l'arthrose, aux livraisons, à la main de ma sœur, au Premier ministre, à la recrudescence...

Vive les travaux !

Travail sur soi

- Faites stipuler dans le contrat une date limite de fin de travaux. La garantie de livraison est obligatoire en cas de contrat de construction d'une maison individuelle, mais pour des travaux ordinaires, c'est à vous de l'exiger.
- Prenez vos précautions : soyez présente dès le début du chantier pour vérifier que les entrepreneurs et artisans engagent bien les travaux sur la base de vos accords, mais aussi pour juger d'autres critères qui ne figurent pas forcément sur le contrat : ponctualité et présence effective des ouvriers, protection de vos meubles et parquets, comportement des ouvriers dans l'immeuble ou dans l'appartement.
- Ne manquez sous aucun prétexte une réunion de chantier.

Malgré tout, ne vous faites aucune illusion... C'est un principe de base. Au même titre que la tartine tombe toujours côté beurre, les chantiers tournent toujours mal.

Passez à l'action !

Méthode douce

- Vous n'avez pas vu âme qui vive depuis une semaine ? Ne vous précipitez pas chez le maître d'œuvre le couteau entre les dents. Faites-vous une raison, les entrepreneurs mènent le plus souvent plusieurs chantiers en même temps. Lorsque l'un d'eux nécessite une urgence, une attention particulière ou un surplus de main-d'œuvre, le vôtre est lésé... Ce sera votre tour demain, peut-être !

Il se peut aussi que des circonstances exceptionnelles soient invoquées : intempéries, machine indisponible, attente de livraison... autant de cas de force majeure que votre interlocuteur ne manquera pas d'évoquer.

- Dans tous les cas, prenez contact directement auprès du constructeur ou de l'entrepreneur.

Méthode machiavélique

Une grève de la faim devant son entreprise ? À vos risques et périls, car il pourrait ne pas être très réceptif !

Méthode cash

- Si, malgré vos efforts (louables), votre entrepreneur ne vous donne aucune explication valable, et si l'interruption se prolonge au-delà d'un délai raisonnable, vous devez le mettre en demeure de reprendre les travaux, par le biais d'une lettre recommandée avec accusé de réception, en lui fixant un délai déterminé.
- Il n'a pas repris les travaux dans le délai fixé ? Ne vous dégonflez pas, faites constater l'arrêt de ces derniers par un huissier.
- S'il n'est décidément pas coopératif, il vous reste toujours la possibilité de cesser tout paiement jusqu'à la reprise effective des travaux.
- Enfin, en dernier recours, la procédure en référé permet de prendre des mesures urgentes dans l'attente d'une décision de justice. Le juge peut notamment ordonner la reprise des travaux sous astreintes, c'est-à-dire sous peine du paiement d'une somme forfaitaire par jour de retard. Pour engager un référé, adressez-vous au tribunal de grande instance dont dépend votre domicile.
- Parallèlement, tentez d'en savoir plus sur les difficultés réelles rencontrées par l'entreprise. Histoire de ne pas vous retrouver avec votre échafaudage déserté de tout ouvrier du jour au lendemain pour cause de dépôt de bilan. Si l'entreprise que vous avez choisie a abandonné le chantier parce qu'elle se trouve en redressement judiciaire, vous devez alors vous adresser au greffe du tribunal de commerce du siège de l'entreprise afin d'obte-

nir le nom et l'adresse de l'administrateur judiciaire et régler la question directement avec lui.

Les agents de voyages sont (si ça se trouve) des escrocs

Les indices

- Il a plu et la mer était froide.
- Les bombes sculpturales qui hantaient les plages vous donnaient l'air d'un petit pot.
- La villa somptueuse louée à prix d'or avait tout d'un placard miteux.

Oui, ça se défend... Quoique, peut-être pas en intégralité....

Moment ô combien attendu, vos vacances à Ibiza ne se sont pas, mais alors pas du tout, passées comme vous les aviez imaginées. D'abord parce que vous n'avez jamais croisé David Guetta, contrairement à ce qu'affirment les magazines people. Ensuite, parce que votre sublime paréo, que vous croyiez être la seule à avoir déniché à Milan, habille tous les corps sculpturaux des baigneuses que votre chouchounet regarde avec délices. Enfin, et c'est le pire, parce que vous avez hérité d'un studio minable et bruyant en lieu et place d'un *« superbe appartement niché dans une résidence paisible avec vue sur la mer »*. Vue sur la mer ? Sur une décharge qui s'étend à perte de vue surtout ! La Grande Bleue se trouve quant à elle à quasi deux kilomètres de votre lieu de vacances. Mais rassurez-vous, il y a pire ! Il y a toujours pire...

Travail sur soi

- Méthode Coué : finalement, pendant que vous profitiez de la vue sur la décharge, vous n'étiez pas en train de trimer au boulot !
- Il y avait bien la mer ! Si, si ! Vous l'avez vue !
- Cette petite contrariété (hum !) vous donne l'occasion de vous affirmer haut et fort !

Que faire pour vous faire rembourser à votre retour ? Foncez vous faire bronzer, et armez-vous de patience et de courage, vous allez faire respecter vos droits.

Passez à l'action !

Méthode douce

- Si la location n'est pas conforme à ce qui vous a été promis, avant de porter plainte pour publicité mensongère ou de saisir le tribunal d'instance, tentez une négociation amiable en vous rendant directement à l'agence. Vous éviterez ainsi l'extinction de voix en hurlant au téléphone sur une pauvre standardiste. La loi du 13 juillet 1992 prévoit en effet que l'agence est responsable de la bonne exécution du contrat et ce, aussi bien pour les prestations qu'elle fournit elle-même que pour celles qui dépendent de ses prestataires.

- À défaut, pensez à constituer des preuves pour étayer votre réclamation : photos, dépliants, attestations de voisins... À votre retour, et dans les meilleurs délais, ce qui facilitera le traitement de votre dossier, adressez une lettre recommandée à votre agence de voyages pour lui demander une indemnisation au titre du préjudice que vous avez subi.

Méthode cash

- En cas de mésentente sur les termes du contrat ou les modalités de dédommagement, il est toujours possible d'envisager une procédure judiciaire. Cependant, avant d'en arriver là, le mieux est de faire appel à une commission de conciliation, soit *via* une association de consommateurs, soit par le biais du Syndicat national des agences de voyages si le voyagiste indélicat en est adhérent.
- En dernier recours, vous pouvez porter plainte auprès du procureur de la République du tribunal de grande instance de votre lieu de résidence.

BON À SAVOIR

En cas de vol dans une chambre d'hôtel, sachez que le code civil, dans ses articles 1952 à 1954, prévoit certes une véritable présomption de responsabilité de l'hôtelier à l'égard des affaires du voyageur, mais sa responsabilité est limitée à 100 fois le prix de la nuit quand le vol a eu lieu dans la chambre d'hôtel... Autrement dit, ne partez pas en vacances avec une rivière de diamants...

10 PETITS TRUCS POUR MAîTRISER LES AGRESSIONS DU QUOTIDIEN

1. Réfléchissez avant d'agir

Eh oui, vos voisins sont peut-être bruyants, mais dites-vous que vous l'êtes certainement aussi, parfois. Alors avant de partir en croisade contre eux, donnez-leur le bénéfice du doute et employez des méthodes douces, à l'amiable.

2. Souriez !

Si vous voulez que les choses se passent en douceur, n'oubliez pas de sourire et de rester polie. Vous montrerez les dents si toute médiation se solde par un échec.

3. Faites confiance aux pros

Des articles de lois, des associations et même le ministère de l'Écologie se penchent sur votre problème. Rendez-vous dans les centres concernés, vous y trouverez tous les renseignements dont vous avez besoin pour devenir une voisine parfaite.

4. Rencontrez vos voisins

Rien de tel qu'une chouette fête pour faire la connaissance de vos voisins. Prenez l'initiative de cet événement, mais, en tant que paresseuse reconnue, demandez à chacun de mettre la main à la pâte !

5. Profitez...

Même si vous n'avez pas envie d'être cette voisine parfaite dont nous parlons, pensez aux services dont vous pourriez avoir besoin lorsque vous partirez en vacances et que vos chers voisins pourraient vous rendre.

6. Assumez vos erreurs

Vous êtes une grande fille maintenant. Si vous avez décidé de payer une paire de chaussures la moitié de votre salaire, ne prenez pas un air accablé devant votre banquier, assumez... et demandez-lui ensuite de l'aide.

7. Soyez indulgente

Lorsque vous envisagez de faire des travaux chez vous et que vous engagez des entrepreneurs, dites-vous bien qu'ils ont d'autres chantiers que le vôtre. Une urgence chez quelqu'un d'autre peut donc entraîner un retard chez vous... et *vice versa*.

8. Constituez des preuves

Si la magnifique villa pour laquelle vous avez payé est en fait un misérable taudis, pensez à prendre des photos prouvant votre bonne foi. Elles pourraient vous être utiles en cas de litige.

9. Faites respecter vos droits

Toujours dans le cas d'une escroquerie dont vous seriez la victime, ne vous aplatissez pas devant la personne qui vous a vendu la prestation. Vous avez des droits, alors affirmez-vous !

10. Soyez raisonnable

Vous êtes certainement quelqu'un de très honnête, mais ce n'est pas le cas de tout le monde. Afin d'éviter toute contrariété supplémentaire, ne laissez pas traîner d'objets de valeur dans votre maison en chantier et ne partez en vacances qu'avec le strict minimum. Vous êtes prévenue !

chapitre 3

Comment rester zen quand vos amis s'en mêlent

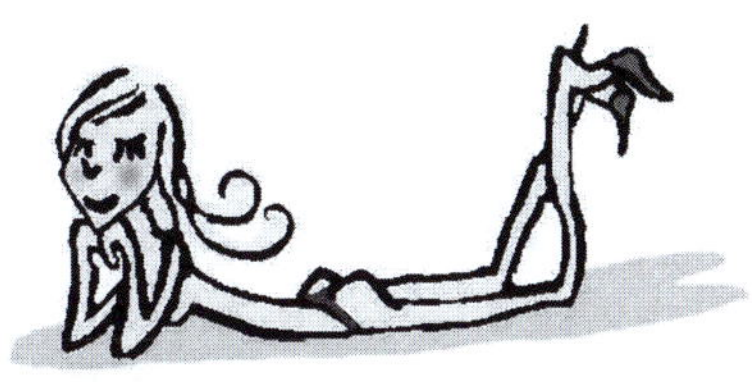

Et si vous vérifiiez votre amicalothermie ?

Les amis ! Ils sont aussi indispensables qu'étouffants et, malgré votre calme naturel, vous avez bien du mal à évoquer votre amie Lulu, toujours prête à donner son point de vue, sans que la moutarde vous chatouille les narines. Ce n'est rien à côté d'Arnaud, dit Nono, perpétuellement fauché, qui débarque chez vous avec son ballot de linge sale et un *« p'tit creux »*. Certes, ce pauvre Nono vous fait bien rire quand il vous raconte ses aventures rocambolesques, mais ce salaire du zygomatique ne suffit pas toujours à passer le cap des chaussettes puantes. Que dire de Milou, qui vous emprunte *« un p'tit billet »* qu'il promet de vous rendre *« au plus tard demain »*. Que les journées de Milou sont longues...

La pire, c'est peut-être Cassandra, avec ses yeux qui promettent mille et une félicités à votre Jules pendant que vous lui proposez une part de tarte. La tarte, elle va se la...

Bref, les amis, ça va un peu, mais faut pas en abuser. Il est temps de vérifier votre amicalothermie !

Test d'amicalothermie

1. Vous recevez un coup de fil d'un copain qui vous demande pour la 4e fois consécutive en un mois seulement d'aller le chercher à l'aéroport alors que vous aviez prévu une séance de hammam.

a) Vous allez le chercher en vous disant que c'est à ça que servent les amis...	3
b) Vous hésitez, puis acceptez tandis qu'une petite voix vous susurre : *« Es-tu sûre qu'ami est synonyme de larbin ? »*	1
c) Vous lui hurlez un « NON ! » si tonitruant qu'il est obligé d'aller consulter un oto-rhino en urgence.	2

2. Votre amie d'enfance papillonne ouvertement autour de votre Jules en lui projetant son décolleté sous le nez.

a) C'est une amie, elle ne ferait jamais un truc pareil. C'est vous qui voyez le mal partout. 2

b) C'est une chasseuse, c'est plus fort qu'elle et elle ne s'en rend même pas compte ! La pauvre... 3

c) Vous brûlez d'envie de la jeter dehors, seule une amitié décennale la protège (provisoirement) de votre colère. 1

3. Votre meilleure amie Léa, qui a réussi à chiper Lucas à Lison (votre autre meilleure amie), vous confie les secrets de Lucas sur cette dernière.

a) Vous écoutez patiemment, quoiqu'un peu gênée... 2

b) Vous avez hâte de téléphoner à Lison. 3

c) Vous lui demandez de se taire, comme vous l'aviez déjà demandé à Lison quelques jours auparavant. 1

4. Célia et Clément vous invitent à venir passer une soirée chez eux sur le thème de leur voyage au Kenya. Au programme : photos, film de vacances et commentaires soporifiques.

a) Vous voudriez bien trouver une excuse pour y échapper, mais vous vous sentez tellement coupable... 3

b) Vous trouvez un prétexte en béton et restez douillettement devant la télé. 1

c) C'est vrai que vous ne leur faites jamais ce genre de coup... Finalement, ils sont un peu pénibles. 2

5. Didier vous demande un conseil de placement.

a) Vous lui dites de se débrouiller. 2

b) Vous lui donnez votre avis en lui rappelant que ce n'est pas votre métier et qu'il ferait mieux de s'adresser à un professionnel. 1

c) Vous lui conseillez un placement en vous excusant d'ores et déjà, si d'aventure il se révélait moins performant que prévu. 3

RÉSULTATS

- **Vous avez une majorité de 1.**

Vos amis abusent parfois, mais vous savez vous protéger de leurs assauts.

- **Vous avez une majorité de 2.**

Vous commencez à sentir la moutarde vous monter au nez, malheureusement, vous êtes incapable de réagir... pour l'instant !

- **Vous avez une majorité de 3.**

S'ils vous demandaient d'aller vous jeter à l'eau, vous le feriez sans la moindre hésitation ! Attention, ils vont finir par vous noyer !

Vos relations amicales sont loin d'être un long fleuve tranquille. Vous avez déjà entendu parler du tri entre le bon grain et l'ivraie ? Il est plus que temps de mettre cette parabole à profit.

Vos amis vous demandent un service

Ce pauvre Michel, c'est vrai qu'il n'a pas de chance avec sa femme qui a tout d'un grenadier, sa calvitie naissante et ses problèmes de libido. D'ailleurs, lorsqu'il vous téléphone pour vous demander un petit service, vous ne pouvez vous empêcher de le plaindre. Pauvre Michel, quelle autre amie que vous pourrait-il conserver avec un tel dragon ? Vous en oubliez même que vos relations se limitent à des services à sens unique et qu'il ne s'intéresse guère à votre propre moral.

Cela dit... vous êtes tellement plus heureuse que lui que vous ne pouvez que pardonner ce manque d'attention à votre égard.

C'est bon ? Vous avez fini de vous convaincre ? Ou commencez-vous enfin à comprendre que ce pauvre Michel est peut-être un insupportable égoïste ?

S'il est naturel de rendre service à ses amis, il ne faut pas que ce mode de relations devienne systématique.

L'altruisme, ou penchant à vivre pour autrui, à ne penser qu'aux autres, peut être le fruit d'une bonté naturelle ou... d'un déséquilibre ! Ainsi, le sentiment d'infériorité engendre fréquemment des actions altruistes.

Loin de nous l'idée que cette bonté qui vous illumine ne soit pas le reflet de votre bonté d'âme, mais à tout hasard...

Le travail sur soi

Avant d'accepter de rendre un service, posez-vous quelques questions.

- Allez-vous accepter :

— par besoin de reconnaissance ?

— pour avoir la paix ?

— par pitié ?

— C'est dans le besoin qu'on reconnaît ses amis.

Seule la dernière proposition justifie que vous preniez la décision de répondre positivement à Michel !

- Avez-vous l'habitude de faire appel régulièrement à vos amis ?

— Si c'est le cas, vous vous inscrivez dans une relation d'échange qui justifie que vous participiez activement.

— Si vous n'êtes pas une adepte inconditionnelle de l'entraide et que vous n'agissez au fond que pour tenter de conforter votre propre estime, vous allez droit dans le mur !

LA MORT DU PIGEON

Tout accepter de ses amis pour se faire aimer, se rendre indispensable, voire irremplaçable, n'est pas un bon calcul. Certes, vous serez entourée, mais certainement pas choyée. Comment blâmer vos amis qui usent et abusent de vous ? Après tout, vous ne vous rebellez jamais, c'est bien que vous êtes d'accord... Tordez le cou au pigeon qui nidifie dans votre cerveau !

Passez à l'action !

Méthode douce

Marion, qui vit habituellement à Londres, voudrait s'installer chez vous la semaine prochaine le temps de faire les soldes. Vous devez une fois de plus faire appel au mot magique : « non ». Ce petit mot de trois lettres renferme la solution.

- Commencez par refuser la demande, mais puisqu'il s'agit d'une amie, il s'agit de faire preuve d'empathie : *« Je ne peux pas t'héberger la semaine prochaine, mais je comprends que ça complique tes plans. »*
- Ne vous justifiez pas ! Ce point est essentiel. Toute justification constitue une lézarde dans votre cuirasse.
- Évitez le terrain de la négociation, qui peut se révéler dangereusement glissant, et proposez de l'aider à trouver une autre solution : *« Peut-être pour-*

rais-tu prendre une chambre d'hôtel ? À moins que tu n'optes pour le camping, il y en a un très sympa à deux pas du Bois ! »

- Si elle insiste lourdement et se montre un peu manipulatrice : *« Tu es ma seule amie, je pensais pouvoir compter sur toi »*, refusez fermement en faisant à votre tour appel à l'amitié qui vous lie : *« C'est bien parce que nous sommes de vraies amies que je sais que tu ne m'en voudras pas. »*
- Mettez fin à la discussion avant qu'elle vous demande la raison de votre refus. Car dans ce cas, il ne vous resterait qu'à passer à la méthode cash !

Méthode sournoise

Les excuses de toutes sortes, les mensonges, les fumisteries et autres mystifications sont les bienvenues : *« Ce n'est vraiment pas de chance. J'accueille déjà l'équipe du XV de France la semaine prochaine ! »* ; ou : *« Je serai malheureusement à Boston pour la conférence annuelle sur l'estime de soi chez les criquets, sinon tu penses bien que ça aurait été avec plaisir ! »*

Attention ! Si ces techniques ont fait leurs preuves en dépannant nombre de paresseuses prises de court, elles ne les ont en aucun cas fait progresser dans leurs relations amicales.

Méthode cash

- Niveau 1 : *« Je t'ai dit "non" car ça ne m'arrange pas du tout. »*
- Niveau 2 : *« Je t'ai dit "non" car ça fait des années que je te dis "oui" en pensant avec délices au jour où je te dirai "non" ! Donc, c'est NONONONONONON ! »*

À n'utiliser qu'en extrême limite, sauf si vous désirez mettre un terme à une amitié de trente ans.

Exercices pratiques

Commencez par refuser les « corvées » les plus banales comme accompagner une amie faire du shopping ou la retrouver pour prendre un verre à l'autre bout de la ville alors que vous êtes harassée.

Vous manifesterez peu à peu votre volonté et serez plus facilement en mesure d'imposer des choses plus difficiles le jour venu.

Vos amis vous empruntent de l'argent

Méfiez-vous des amis très chers ! L'argent et l'amitié font rarement bon ménage. Certes, il arrive que certaines personnes tiennent leur parole et remboursent rapidement leurs dettes, mais le cas des autres est nettement plus épineux.

Le travail sur soi

Vous vous dites sans doute qu'il est difficile de demander à une amie de rendre une somme d'argent alors qu'elle se plaint de ne pouvoir joindre les deux bouts.

Plusieurs cas de figure doivent vous pousser à agir :

— si vous la croisez sortant de chez le coiffeur avec un sac rempli de vêtements au bras, aucun doute, elle se moque de vous dans les grandes largeurs ;

— si vous ne parvenez pas à boucler votre mois ;

— si la dette dépasse le semestre.

Il est maintenant temps de réclamer votre dû avec fermeté !

Passez à l'action !

Méthode douce

« J'ai été heureuse de te dépanner, mais c'est désormais à moi d'avoir besoin de cet argent, merci de me le rendre. »

Méthode cash

« Puisque tu ne peux pas me rembourser tout de suite, fais-moi un chèque. »

Ensuite, encaissez-le.

Les fausses excuses

- Elle a certainement plus de problèmes financiers que moi.
- Je pourrai toujours me débrouiller.

Qu'en savez-vous ? Aujourd'hui, c'est vous qui avez un problème d'argent. C'est donc le moment de vous retrousser les manches et de faire la tournée de vos créanciers sans état d'âme. Charité bien ordonnée commence par soi-même. L'esprit de sacrifice doit avoir quelques limites et le bien-être de votre compte en banque en est une.

LORSQUE L'ARGENT DEVIENT SALE

Même si vous avez relevé le défi et récupéré votre argent, dans tous les cas évitez autant que possible de recommencer, à moins que vous ne fassiez une croix définitive sur cette somme et que vous considériez que vous l'avez donnée.

En effet, le prêt d'argent peut être mal interprété, même de façon inconsciente.

- **C'est, pour celui qui le reçoit, une forme d'assujettissement qui peut être considéré comme une marque humiliante.**
- **C'est, pour celui qui le donne, une source d'attente et de contrariété.**

Quand on vous dit que l'argent pourrit tout !

Vos amis vous demandent conseil

C'est un principe de base : le conseil fonctionne comme un boomerang. À peine l'avez-vous libéré pour qu'il vive sa propre vie qu'il vous revient en pleine figure.

Le conseil d'ordre amical est encore plus pervers : utilisé au titre de l'amitié, il peut, dans certains cas, la laminer. Lorsqu'un ami vous demande un conseil, prenez vos jambes à votre cou !

LA COTE D'ALERTE DES CONSEILS

Certains conseils sont plus dangereux que d'autres. Explosifs, difficiles à manier, propres à interprétation, ils doivent être utilisés avec parcimonie tandis que d'autres sont nettement plus inoffensifs.

- **Zone rouge : conseils de placements financiers ; conseils sentimentaux.**
- **Zone orange : conseils professionnels.**
- **Zone jaune : conseils vestimentaires, maquillage...**
- **Zone verte : conseils pratiques (où stationner son véhicule, à qui s'adresser pour obtenir le formulaire XB512).**

Le travail sur soi

- Avant de donner un conseil, vous devez vous assurer d'une part de sa portée, et donc de ce qu'il peut provoquer, et d'autre part de votre qualification en la matière.

Ces deux points sont essentiels car ils détermineront votre attitude.

Ainsi, si vous êtes conseillère financière, vous pouvez légitimement conseiller Julie qui souhaite placer son bas de laine. En revanche, en tant que dessinatrice, vous êtes nettement moins bien placée, sauf à faire appel à votre expérience personnelle. Et rien n'est moins convaincant.

Il existe bien entendu des sujets sur lesquels l'expertise est le plus souvent d'ordre empirique et par conséquent très subjectif, comme les sentiments et le look. Peut-être êtes-vous une descendante de la Dame aux camélias, ce qui vous donne un certain aplomb dans l'alcôve, mais cela ne suffira certainement pas à vous attribuer un blanc-seing sur le sujet.

- Êtes-vous sûre que vos amis souhaitent vraiment un conseil ? Veillez à ce que vos intentions soient bien en rapport avec l'attente de votre interlocuteur. Inutile de dire à Philomène de quitter ce salaud d'Hector alors qu'elle n'est là que pour déverser un peu de sa peine. Elle a besoin d'une oreille compatissante, pas d'un mentor.

- De votre côté, assurez-vous que vous n'êtes pas en train de diriger la vie d'autrui à votre guise. Quand on vous dit de vous mettre à la place des autres, ce n'est qu'une image.

Ensuite, c'est à vous de voir !

BON À SAVOIR

Ne donnez jamais un conseil à un ami qui ne vous l'a pas demandé ! D'ailleurs, évitez de le donner tout court ! Ne vous mêlez pas des affaires des autres.

Passez à l'action !

Méthode douce

- Changez de vocabulaire ! Là où Mathilde vous demande un « conseil », proposez-lui de lui donner votre « point de vue ». Les choses sont sensiblement différentes.
- Assurez ensuite votre position en lui rappelant que vous n'avez ni la science infuse, ni le même vécu, et que si vous acceptez de lui donner ce...

point de vue (merci de suivre !), c'est uniquement parce qu'elle vous le demande.

- Évitez les avis trop tranchés et commencez vos phrases par : *« je pense que »* plutôt que : *« tu devrais »*.
- Évitez autant que possible d'attaquer de front : *« Cette robe ne te va pas », « Je t'ai toujours dit que ton mari était le dernier des abrutis »*... Préférez les formules positives : *« Je trouve que la robe noire te va mieux que la rouge », « Ton mari a sans doute un point de vue différent. »*

Méthode sournoise

Vous n'avez quand même pas l'intention de manœuvrer vos amis ? Si ?

Méthode cash

Cette méthode est la seule valable pour désamorcer un avis embarrassant : *« Je suis désolée, mais je ne peux en aucun cas te donner mon point de vue ou te conseiller dans cette situation. »*

Si, malgré vos précautions, un ami vous reproche de l'avoir mal conseillé, c'est le moment de lui rappeler :

— que c'est lui qui l'avait souhaité !

— que vous ne vous êtes jamais vantée d'avoir réponse à tout ;

— qu'il est temps qu'il prenne ses responsabilités !

LE BON CÔTÉ !

Refuser de donner des conseils vous évitera d'avoir à vous creuser la tête. L'empathie, c'est bien, mais à la longue, c'est fatigant.

Vos amis ont toujours un avis sur vos actes

« Ma chérie, je me demande bien comment tu peux supporter ça, si j'étais à ta place... » Et voilà la grande tirade des conseils amicaux qui commence. Vous assistez à un véritable feu d'artifice d'idées et de suggestions qui ne prennent jamais en considération ce point essentiel : aucune de vos amies n'est à votre place, justement ! Vous n'êtes ni Linda, toujours entre deux avions, à moins que ce soit entre deux amants et laissant ses deux enfants de pères différents aux bons soins de ces derniers. Vous n'êtes pas non plus Mathilde, mariée depuis quinze ans, d'une fidélité de Pénélope, qui sacrifie sa vie à un mari absent avec le dévouement souriant des martyres. Et encore moins Léa, la célibattante croqueuse d'hommes et de « petits cadeaux ». Alors, faites-les taire !

Le travail sur soi

- Depuis l'enfance, vos amies constituent un point d'ancrage essentiel de votre vie. Pendant l'enfance et l'adolescence, c'est à leur contact que vous avez grandi et que vous vous êtes forgé une personnalité. En grandissant, vous avez peut-être conservé vos amies d'enfance ou vous en avez découvert d'autres et, naturellement, les schémas anciens ont repris place.
- En cas de pépin, les amies interviennent et une sorte de *brainstorming* fondé sur l'expérience se met spontanément en place pour tenter d'arranger les choses. Du moins, c'est ce qu'on est en droit de penser, même si « l'amie » qui se réjouit des ennuis de l'autre est une fâcheuse réalité dont il faut tenir compte...
- La plupart du temps, cette réaction n'est qu'un prétexte (inconscient) pour parler de soi. Ainsi, nombre de conversations se déroulent comme

suit : *« À ta place, j'aurais fait comme ça. D'ailleurs, quand j'étais avec Michel, je n'ai pas attendu pour le lui faire savoir... »*

Les conseils revêtent donc deux formes :

— la comparaison entre deux individus, propice à parler de soi et donc à se mettre en avant ;

— et une part infiniment moins importante qui relève du conseil proprement dit.

DÉCOMMANDER LE CONSEIL

Pour désamorcer ce réflexe qui ne sert à rien – si ce n'est à agacer prodigieusement le récipiendaire, en l'occurrence vous-même – il n'y a qu'une solution : éviter de raconter ce qui vous chagrine trop et éliminer certaines phrases du genre : *« Je ne sais vraiment plus quoi faire. »* Non sollicitées, vos amies auront moins tendance à céder à la tentation intrusive du conseil spontané. Si, malgré vos efforts, elles persistent à vous abreuver de recommandations, sortez la grosse artillerie.

Passez à l'action !

Méthode douce

- En façade, rien de plus simple : il vous suffit de rester souriante et d'acquiescer régulièrement en hochant la tête. Quelques petites phrases comme *« Tu as sans doute raison »* ou *« bien sûr »* achèveront de donner du corps à votre mise en scène.
- En réalité, bouchez-vous les oreilles, portez un imperméable et laissez passer l'orage.
- Ne relancez jamais la conversation, contentez-vous d'opiner.
- Dès que la conversation aborde leur propre expérience, saisissez l'occasion pour changer le centre d'intérêt. Qui résiste au plaisir de parler de soi ?

Méthode sournoise

Il vous suffira de vous étonner de cette propension à conseiller alors que la vie de votre amie est loin d'être exemplaire : « *Tu sais Jenny, ça m'étonne beaucoup que tu me donnes ce conseil alors que je crois me souvenir que Brad t'a quittée dans la foulée, non ?* » Vous teniez vraiment à conserver l'amitié d'une star de Hollywood ? Dommage...

Méthode cash

« Ça fait 20 ans que j'écoute vos conseils, les filles, et je n'en peux plus : ni de votre ton docte, ni de vos airs entendus, ni de vos avis inadaptés. Si j'avais dû n'en suivre que la moitié, je serais chômeuse, divorcée et ruinée à l'heure qu'il est, alors à partir de maintenant, mêlez-vous de ce qui vous regarde ! »

Ça a le mérite d'être clair, non ?

Vos amis sont jaloux

Rien n'est pire que le serpent de la jalousie. Son venin n'épargne personne. Il sévit dans les bureaux à l'occasion des promotions, serre les cœurs des amoureux, ravage les fratries et il arrive que ce perfide touche également les amis... Certains indices ne trompent pas !

Indices

- Vous avez déjà surpris un sourire alors que vous faisiez part d'un ennui quelconque.
- Ils ne perdent jamais une occasion d'évoquer votre ancien surpoids ou votre adolescence boutonneuse.
- Vos éventuels succès ne donnent lieu à aucun commentaire.

Le travail sur soi

- Il n'y a pas grand-chose à faire. Aucun recours médicamenteux, la jalousie ne se soigne pas et, parfois, ne s'explique pas.
- Tout au plus, pouvez-vous vous dire que votre sort est sans doute enviable. Savourez cette petite victoire les soirs de vague à l'âme et plaignez-les : il n'y a rien de plus douloureux que la jalousie.

Passez à l'action !

Méthode douce

- Souriez, complimentez sans avoir peur de trop en faire : soyez une amie admirative de leur talent, leur job, leur veste, leurs yeux... Peu importe la cible, du moment qu'elle adoucit leur ego meurtri.
- Soyez discrète, n'étalez ni vos gros succès, ni vos petites joies. Mettez le tout sous silence pendant un moment ! Les choses rentreront dans l'ordre dans quelque temps.

Méthode perfide, aussi inutile que dangereuse

Étalez et faites-en des tonnes : *« Tu as vu ce solitaire ? C'est un cadeau de Jules, il est têêêêllement chou et il est fou de moi ! »* Suivi de : *« Nous partons 15 jours aux Maldives. »* Puis de : *« Oh ça ? J'ai pu me l'offrir avec ma dernière promo. »*

Ce manque total de pudeur et de simplicité devrait vous permettre :

— de perdre vos amis ;

— de gagner des pique-assiettes ;

— de vous tailler une solide réputation de pétasse.

Méthode cash

Inutile de lui demander de cesser d'être jalouse : c'est incontrôlable. Si vous n'y tenez plus, cessez de la voir.

Exercices pratiques

Avant de raconter quelque chose qui vous concerne, interrogez-vous sur la situation de votre interlocuteur. Pourrait-il être blessé par ce que vous lui annoncez ? Ainsi, évitez d'étaler votre bonheur conjugal face à votre amie qui redoute de finir ses jours vieille fille ! Un peu d'empathie, que diable !

Vos amies draguent votre fiancé

Les indices

- Elle s'arrange toujours pour se trouver en tête à tête avec lui.
- Elle glousse et se trémousse en le trouvant « fôôôôrmidable ».
- Elle vous incite à le contrarier.

Le travail sur soi

- Admettez une bonne fois pour toutes que Sandrine n'est pas seulement votre super-copine d'enfance, c'est aussi une prédatrice de mâles et donc une rivale potentiellement dangereuse.
- Respirez un grand coup et calmez-vous ! Inutile de tomber à bras raccourcis sur votre chéri, il n'y est pour rien.

- De toute façon, s'il vous a semblé que cette situation n'était pas pour lui déplaire, ce n'est pas en jouant les mégères que vous allez vous montrer sous votre meilleur jour.

ATTENTION, DANGER !

Qu'il s'agisse d'une petite drague dite « innocente » ou d'un vrai « rentre-dedans », ne fermez pas les yeux sous peine d'un réveil pénible. Un accroc dans le contrat est vite arrivé et certaines situations sont plus propices que d'autres à provoquer ces incidents de parcours.

- Les situations triangulaires : votre meilleure amie célibataire et vous êtes inséparables ; votre couple se transforme en trio et vous devenez une sorte d'entremetteuse entre votre amant et votre amie. Ajoutez à ça une dose de « fruit défendu » et le tour est joué !
- Les couples inséparables : le principe est sensiblement le même avec la rivalité en plus ! Vous faites tout à quatre et les confidences vont bon train, jusqu'au jour où votre amie est tentée de vérifier par elle-même si Paul est vraiment si peu enclin aux joies de l'alcôve.
- La chasseuse : depuis toujours vous l'avez vue chasser le mâle ! Mais voilà qu'un jour elle décide d'étendre son terrain de chasse à votre salon. C'était à prévoir, on n'apprivoise pas un fauve !

BON À SAVOIR

Ce n'est pas parce que Jules accepte avec un certain plaisir de se laisser courtiser qu'il est bourré de mauvaises intentions. Avouons-le, c'est toujours valorisant de savoir qu'on plaît. Pour lui, c'est pareil !

Passez à l'action !

Méthode douce

Ne provoquez pas les situations instables et n'invitez plus votre copine chasseuse jusqu'à ce quelle se repaisse d'une autre victime. Mieux vaut éviter les confrontations directes avec elle. Elle risque de nier, à moins que vous ayez des preuves tangibles... Et là, il serait déjà trop tard !

Méthode sournoise

La sournoiserie peut difficilement venir de vous...

Méthode cash

Dites-lui d'aller draguer ailleurs et laissez tomber cette amie en vous persuadant qu'elle n'en est certainement pas une !

Exercices pratiques

Évitez de systématiquement faire passer vos relations amicales avant votre couple. Il faut essayer d'avoir la main verte en amour, histoire de ne pas lui donner l'envie de se faire bichonner ailleurs ! D'ailleurs, si vos amies le reluquent, c'est sans doute qu'il n'est pas si mal que ça ! Vous aviez oublié ?

Vos amies parlent

Les longues conversations seraient le propre des femmes... Vraiment ? Admettons ! En tout cas, il peut arriver qu'elles soient très pénibles, surtout si vous avez autre chose à faire ou que les confidences vous mettent dans une position embarrassante. Dans le premier cas, il suffit d'oser mettre un terme à la conversation. Pas toujours facile lorsqu'il s'agit de Julie qui bavarde sans cesse ! Pour le second, les choses se corsent...

Exercices pratiques

- Apprenez à raccrocher le téléphone ou à mettre un terme à une conversation avec quelques phrases clés.

– *« Oh, je n'avais pas vu l'heure, je vais être en retard ! »*

– *« On en reparlera un peu plus tard, car j'ai beaucoup de travail. »*

- Apprenez à partir.

— Levez-vous et prenez votre manteau en disant : *« J'ai été ravie de te voir, mais je ne peux pas rester plus longtemps, je suis attendue. »* Dirigez-vous vers la porte, sans vous arrêter, et ne relancez surtout pas la conversation.

— En cas de relance, répétez : *« Je dois partir, je suis désolée »* ; ouvrez la possibilité d'une autre rencontre : *« Je te téléphone dès que j'ai un peu plus de temps ! »*

Méfiez-vous des ragots

« Tu savais que Mélissa avait obtenu son poste après avoir fait refaire ses seins. Comme par hasard... »

Inutile de se voiler la face, les ragots, les potins, bref, les cancans, sont toujours les bienvenus dans les conversations de filles. On les adore, surtout lorsqu'ils sont médisants. Un vrai « bon » ragot n'est digne de ce nom que s'il colporte une sérieuse dose de calomnie.

Le succès du persiflage est tel que c'est l'un des meilleurs facteurs de lien social. Rien de tel, en effet, pour se faire de nouveaux amis, que de cancaner sur d'autres. C'est une façon de flatter son interlocuteur en le plaçant dans un cercle privilégié d'initiés, mais également le moyen de se poser en juge et de masquer ainsi ses propres faiblesses et ses frustrations.

Ainsi, il est toujours plus facile de dénigrer les succès des uns et des autres, ou de souligner leurs mauvais côtés, que d'admettre clairement une jalousie ou une incapacité à obtenir une fortune équivalente.

Mais le revers de la médaille n'est jamais bien loin car les commérages changent de cible au gré du vent ! Oreille un jour, vous serez cible le lendemain !

Passez à l'action !

Méthode douce

La médisance n'existe que parce que vous l'écoutez. Si vous ne marquez aucun intérêt et que vous changez simplement de sujet, elle se volatilisera comme par enchantement.

Méthode sournoise

Écoutez, colportez et enjolivez !

Méthode cash

« Tu dis ça parce que tu as toujours été jalouse de Mélissa. »

Méfiez-vous des confidences des autres

« J'ai rendez-vous avec Victor à l'hôtel du Nord demain après-midi », vous annonce Lison.

Bon... Rien de grave en soi, si ce n'est que vous connaissez Victor, et Mélissa, la copine de ce dernier...

Dans l'absolu, vous n'avez pas à vous mêler de leurs histoires et il vous suffit de rester neutre et muette comme une carpe. Mais force est de constater que vous voilà dépositaire d'un secret empoisonné.

Si Mélissa apprend que vous saviez, elle pourrait vous reprocher d'avoir couvert Victor, et si le pot aux roses est découvert, Lison pourrait vous accuser d'avoir vendu la mèche.

Bref, vous l'aurez compris, certains secrets devraient être mieux gardés !

Il peut arriver que le souhait inconscient de celle qui confie un secret soit justement que ce dernier soit divulgué. Ou bien a-t-elle simplement besoin d'alléger sa conscience, mais, dans tous les cas, ce n'est pas une raison pour vous encombrer à votre tour.

Passez à l'action !

Méthode douce

Expliquez à votre amie que ses confidences vous embarrassent. La surprise passée, elle comprendra sans doute que vous préfériez rester dans l'ignorance plutôt que de prendre le risque de la trahir sans le vouloir.

Méthode sournoise

« Ah bon ? Tu passes après Léa alors ? »

Méthode cash

« Épargne-moi ton Kâma Sûtra de bazar, merci ! »

Méfiez-vous de vos confidences

« J'ai rendez-vous avec Victor à l'hôtel du Nord demain après-midi », annoncez-vous à Lison.

Là, les choses se corsent... même si vous avez toute confiance en Lison. N'oubliez pas l'adage qui veut que votre ami ait aussi un ami...

Autrement dit, votre secret risque de se trouver rapidement « gardé » par un ensemble de personnes qui toutes ont « promis croix de bois, croix de fer » de le conserver...

Jusqu'à ce que Mélissa l'apprenne... de source sûre, par la rumeur publique !

Passez à l'action !

Méthode douce

Tournez sept fois votre langue dans votre bouche et, si vous ne pouvez pas vous retenir de parler, allez vous confesser !

Méthode sournoise

Envoyez une lettre anonyme à un anonyme à l'autre bout du monde.

Méthode cash

Hurlez dans un désert.

Vos amies sont tellement mieux que vous (enfin... vous semble-t-il...)

Si vous vous comparez avec vos amies, vous diriez qu'elles sont :

— plus belles ;

— plus sexy ;

— plus intéressantes ;

— plus drôles ;

— plus riches ;

— plus heureuses.

Si vous avez coché la totalité de ces propositions, aucun doute, vous voilà atteinte de dévalorisation chronique pouvant entraîner une jalousie incontrôlée !

Réagissez !

BON À SAVOIR

Le vent tourne pour tout le monde...

Travail sur soi

- Et si vous commenciez par dresser un état des lieux de vos situations respectives ? Mais, pour que le dossier soit vraiment complet, ne négligez pas un point essentiel : vous ne connaissez pas tous les aspects de la vie de Margot...
- En revanche, si cette dernière n'a de cesse de vous étaler sous le nez sa réussite professionnelle alors que vous venez d'être licenciée, ou si Florence vous parle en boucle de ses nuits torrides alors que votre Jules a disparu corps et biens depuis quatre semaines, une seule réaction s'impose : clouez-leur le bec !
- Vous êtes la victime de personnes qui ont besoin de se rassurer sur leur propre valeur/bonheur en écrasant les autres. Rassurez-vous, de votre côté, tout est normal !

Il faudra quand même les engager à consulter rapidement un spécialiste !

10 PETITS TRUCS POUR RESTER ZEN QUAND VOS AMIS S'EN MÊLENT

1. Posez-vous les bonnes questions

Demandez-vous pour quelle raison vos amis vous sollicitent systématiquement lorsqu'ils ont besoin d'un service et pour quelle raison vous ne refusez jamais.

2. Apprenez à dire « non »...

... puisque vous avez désormais compris que les intentions de vos amis n'étaient pas toujours louables.

3. Cessez de prêter de l'argent

Vous ne savez jamais si vous le reverrez un jour.

4. Évaluez les conseils auxquels vous êtes confrontée

Si un conseil d'ordre pratique ne vous engage pas à grand-chose, il n'en est pas de même des conseils amoureux ou financiers qui, eux, peuvent engager la vie de votre ami(e).

5. Assurez vos arrières

Faites en sorte que les conseils que vous pourriez donner ne vous retombent pas dessus (hum !) s'ils se révèlent infructueux. Soyez prudente ou, mieux, ne donnez pas de conseils !

6. Surveillez votre langage

C'est un bon moyen pour ne pas lancer vos amies sur des conseils que vous ne souhaitez pas. Évitez donc les phrases sollicitant leur avis.

7. Restez discrète

N'étalez pas votre vie privée si merveilleuse devant vos amis, ça leur évitera jalousie et perfidie.

8. Bichonnez Jules

La cour entreprise par votre soi-disant meilleure amie n'aura ainsi pas d'effet sur lui.

9. Soyez ferme...

... avec vous-même et ne colportez plus de ragots, mais aussi avec les autres, et mettez un terme à toute conversation tournant à la confidence. Vous le savez désormais, les confidences, c'est comme les conseils, ça finit toujours par vous retomber dessus.

10. Ayez confiance en vous

Votre vie est sans aucun doute aussi riche et intéressante que celle de vos ami(e)s.

chapitre 4

Comment sourire lorsque votre famille met son grain de sel

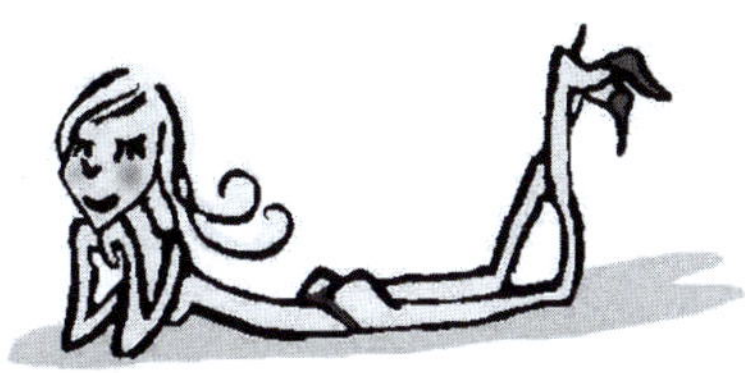

Et si vous faisiez avec ?

On ne choisit pas sa famille, dit-on... Non seulement vous connaissez bien ce poncif, mais vous constatez chaque jour sa véracité avec une cruauté aiguë. Impossible de s'en défaire ! Car la difficulté n'est finalement pas tant d'avoir des frères, des sœurs et toute une ribambelle d'oncles, de tantes et autre cousine Berthe... que d'avoir à les subir. À moins de quitter le pays sous une fausse identité, ils vous retrouveront toujours. Pas le choix : vous voilà tenue de faire avec.

Test familial

1. Vos frères et sœurs sont :

a) Vos frères et sœurs.	2
b) Des serpents.	3
c) Les êtres qui comptent le plus pour vous avec la famille que vous avez construite.	1

2. Votre tante se casse la jambe.

a) Bien fait ! Vous allez avoir la paix pendant un certain temps !	3
b) Ma tante, dites-vous ? Ah, oui ?	2
c) Vous filez lui proposer de l'aide.	1

3. Votre belle-sœur vous propose de venir passer le dimanche après-midi chez elle.

a) C'est sans aucun doute une fourberie.	3
b) C'est gentil de sa part.	1
c) Pas envie d'y aller.	2

4. Votre beau-frère vous demande un service.

a) Il peut toujours se gratter. 3

b) C'est curieux, il ne se souvient de votre existence que dans ces circonstances. 2

c) Pas de problème ! 1

5. Votre cousine Berthe part avec une ONG en Afrique.

a) Elle doit avoir la conscience lourde pour s'embarquer là-dedans ! 2

b) Vous lui proposez de l'aide. 1

c) Vous espérez que ça dure au moins six mois. 3

RÉSULTATS

- **Vous avez une majorité de 1.**

Vous êtes prête à tout pour le bonheur de votre famille. Reste à savoir si vous agissez par amour ou par sens du devoir.

- **Vous avez une majorité de 2.**

Vous commencez à être amère. Ils vous agacent et cela vous complexe terriblement de vous en rendre compte.

- **Vous avez une majorité de 3.**

Vous les haïssez ! C'est peut-être un poil excessif, non ?

Vos frères et sœurs ont toujours été les préférés (et si c'était l'inverse...)

Vous vous rêviez solitaire et vous vous retrouvez écartelée dans une fratrie digne des Dalton... Si l'amour est l'ingrédient le plus essentiel à la cohésion familiale, vous êtes parfois obligée de reconnaître que c'est souvent la jalousie qui prend le pas au sein de votre clan. Et pour cause, vous avez toujours trouvé qu'il était difficile de se faire une place dans une telle jungle. Surtout si vous êtes persuadée que les autres sont les préférés...

Les indices

- Votre sœur se fait toujours plus remarquer que vous.
- Votre frère est le préféré, puisque c'est un garçon.
- C'est la petite dernière qui emporte tous les suffrages.

Moui... Avouez que ces indices semblent pour le moins infondés. Si malgré tout vous êtes convaincue d'être moins aimée, il va falloir agir... À commencer par essayer de comprendre l'étrange mécanisme mental qui a permis à cette curieuse idée de germer dans votre pauvre cerveau fatigué.

PETITE CUISINE FAMILIALE

Pas de panique, vous êtes normale. Si, si ! À deux ou trois détails près, vous êtes d'une normalité stupéfiante ! Après tout, la fratrie se construit et s'épanouit dans la rivalité. Pendant l'enfance, la guerre est d'abord physique. Tout comme les jeunes lionceaux qui se chamaillent, les petits d'hommes veulent égaler, voire dépasser les grands, qui, de leur côté, utilisent tous les moyens mis à leur disposition pour préserver leur ascendant. En grandissant, l'affrontement occupe le terrain des idées. La guerre devient verbale. Elle n'en est pas moins violente, mais elle permet de se construire et de déterminer sa propre personnalité.

Les parents sont, bien entendu, les arbitres de cette belle bagarre, chaque enfant voulant à son tour attirer leur attention, jouir de leur présence et bénéficier d'une place privilégiée dans ce panthéon familial. Lorsque les parents parviennent à maintenir l'équilibre, les choses évoluent bien et chacun trouve la place qui lui convient. En revanche, s'ils abusent des rivalités pour favoriser l'émulation au sein de leur progéniture, le résultat est rarement celui qu'ils escomptent ! *« Regarde, ta sœur ramène des*

***bonnes notes, tu pourrais en faire autant »*, peut devenir à l'âge adulte : *« Ma sœur a toujours été la meilleure, c'est pour ça que mes parents la préfèrent. »* Bingo ! On y est !**

LE BON CÔTÉ !

C'est sur vos frères et sœurs que vos parents comptent plutôt que sur vous ? À vous la liberté !

Travail sur soi

- Reconnaissez vos sentiments et admettez que l'on peut à la fois aimer et jalouser.
- Ne culpabilisez pas. Non, vous n'êtes pas une sœur indigne.
- Interrogez-vous sur la part de responsabilité de vos parents, sur les méthodes employées pour vous motiver, voire sur leur propre passé.
- Et puis, après tout, vous n'êtes pas obligée d'aimer vos frères et sœurs ! La fratrie ne garantit pas l'amour. Ne l'oublions pas, le premier meurtre de l'humanité, du moins selon la Bible, est un fratricide : Caïn n'a-t-il pas assassiné froidement son cadet, Abel, qu'il croyait être le préféré de Dieu. Drôle de famille !

BON À SAVOIR

Les comportements familiaux échoient parfois en héritage. Un père bousculé par ses frères, une mère chouchoutée par la sienne transmettent sans le vouloir leurs propres habitudes à leurs enfants en les encourageant dans ce sens. C'est alors un processus ancien qu'il faut endiguer.

Passez à l'action !

Méthode douce

Il faut du temps pour être en paix avec le passé et désamorcer d'anciens processus. Ne perdez pas le contact. Entretenez les quelques relations qui vous lient contre vents et marées et comptez sur le temps ! C'est en effet votre meilleur allié pour enterrer les vieilles discordes et transformer vos frères et sœurs en gardiens des souvenirs communs de l'enfance et, pourquoi pas, en amis. Dans les moments les plus douloureux, comme la disparition des parents, les frères et sœurs deviennent l'ancrage et permettent d'aller de l'avant.

Méthode sournoise

Ne donnez plus signe de vie, vous verrez bien si on vous réclame ! Cela dit, vous risquez surtout de passer pour quelqu'un de caractériel.

Méthode cash

Demandez à votre mère ce qu'elle en pense. Il y a fort à parier qu'elle vous rassurera en vous rappelant qu'une mère aime toujours ses enfants, certes différemment, mais avec autant d'intensité. Faites de même avec votre père... Vous voilà rassurée ?

Sinon, il reste toujours la solution d'aller rayer la voiture de votre sœur.

Vos frères et sœurs réussissent mieux le cake que maman adore

Soyons clairs, ils sont mieux que vous pour tout ! Vous en êtes persuadée jusqu'au fond de votre tréfonds. Ils vous complexent, vous placent en face de vos misérables imperfections, vous laminent le moral, bref, vous ne pouvez plus supporter de les voir !

Dites, vous n'en faites pas un peu trop ?

Les indices

- Non seulement votre frère est le portrait craché de votre père, mais il a de surcroît choisi le métier dont votre père rêvait. Le plus ? Il est classé en golf !
- Votre sœur est mariée à un *golden boy*, mère de deux affreux bambins et *executive woman* le reste du temps.
- Tous deux mènent des vies dorées sur tranche, tandis que vous n'êtes qu'une malheureuse intermittente célibataire et fauchée de surcroît.

Oui, bien sûr, *a priori* vous avez du pain sur la planche pour égaler votre brillante fratrie. Cela dit, êtes-vous certaine de vraiment les envier ?

PROJECTION FAMILIALE

Ils sont exactement comme papa et maman le souhaitaient et vous vous sentez comme un vilain petit canard. Mais observons la situation en changeant d'angle. Et s'ils n'avaient pas eu d'autre choix que de mener à bien les rêves de papa et maman ? Certains parents, qui ne sont pas parvenus à réaliser leurs rêves de jeunesse, reportent leurs projets sur leurs enfants. Ils vivent en quelque sorte par procuration.
Du côté des enfants, les conséquences sont douloureuses.
Les enfants qui parviennent à obtenir les succès désirés ne sont pas forcément épanouis puisqu'ils ne correspondent pas nécessairement à leurs attentes profondes. Votre frère finit dans le commerce alors qu'il se rêvait guide de haute montagne ? Bof...
Les enfants qui n'y parviennent pas se sentent dévalorisés aux yeux de leurs parents, quand ils n'essuient pas l'amertume parentale qui se manifeste parfois avec agressivité.

Le travail sur soi

Rien de tout ça ne vous semble convaincant ? Ils sont simplement meilleurs que vous. Bon... Et alors ?

- Avez-vous vraiment l'impression qu'ils vous en mettent plein la vue volontairement ? Si tel est le cas, ce sont eux qui ont besoin de se valoriser à vos yeux et vis-à-vis de vos parents. Ils n'ont sans doute pas réglé leurs problèmes.
- Faites le bilan des avantages et des inconvénients de chacune de vos situations. Vous trouverez certainement du positif à avoir une vie moins « busy ». Vous, au moins, vous avez le temps de faire du shopping – certes, vous n'avez pas l'argent, mais bon. On ne peut pas tout avoir !
- Observez vos frères et sœurs lors des réunions familiales. Sont-ils toujours à l'aise, sont-ils naturels ou en prestation ? Soyez attentive, peut-être surprendrez-vous un peu de lassitude dans les yeux de votre frère lorsqu'il sera obligé de raconter dans le détail sa dernière plaidoirie, et un brin de jalousie quand vous évoquerez le tournage de votre court-métrage à Riga. À lui le sérieux, à vous l'originalité !

Finalement, vous n'êtes pas si mal que ça !

Passez à l'action !

Méthode douce

Redécouvrez-vous. Essayez de voir votre frère, ou votre sœur, en dehors du nid familial et, surtout, loin de vos parents. Les dialogues en tête à tête dénouent la plupart des tensions. Plus légers, désinvestis de la concurrence, vous découvrirez sans doute l'un et l'autre une autre personne et serez prêts à prendre un nouveau départ. Faites connaissance avec cet adulte encore mystérieux et proposez-lui certaines activités en commun. Depuis que vous savez que votre frère adore Superbus, vous échangez les albums de ce groupe et vous avez décidé d'assister ensemble à leur prochain concert ! Un miracle ? Non, une jolie rencontre.

Méthode machiavélique

Glissez à l'oreille de votre pauvre frère que vous pouvez faire régulièrement des grasses matinées. Appelez-le pour l'inviter à un pique-nique en pleine semaine. Proposez-lui de faire une rando en montagne alors qu'il est noyé sous ses dossiers... Vous devriez l'avoir à l'usure !

Méthode cash

Inscrivez-vous à un club de tir, puis, une fois très au point, proposez-leur une partie de paint-ball. Ça fait un bien fou !

Vous détestez votre belle-sœur et elle vous le rend bien

Vous vous souvenez encore de votre première rencontre. Vous avez eu le sentiment qu'un froid glacial la précédait dans la pièce ; à sa vue, vos cheveux se sont hérissés sur votre tête ! Votre belle-sœur incarne tout ce que vous détestez ! Son âme est aussi noire que le fond d'un puits, ses flèches sont empoisonnées ; aucun doute, c'est une sorcière qui a envoûté votre pauvre petit frère ! « Belle » sœur ? Pas vraiment... Petite méthode pour briser le sort.

Les indices

- Vous avez minci après avoir tenté le énième régime soupe aux choux ? Annabelle (ah ah !) souligne votre mine souffreteuse.
- Vous avez enfin décroché la promotion tant espérée ? Elle vous soupçonne d'avoir testé la méthode canapé.
- Vous êtes ravie de présenter votre nouveau chéri à vos parents ? Elle soupire toutes les deux minutes et éclate franchement de rire quand votre Jules évoque sa passion pour les tournois de Scrabble.

Bon, d'accord, elle fait preuve d'un cynisme sans égal, mais à ce jeu-là elle n'est pas forcément la grande gagnante.

BELLE SŒUR : MODE D'EMPLOI

C'est la femme/copine/amie/concubine/coquine de votre frère. Jusque-là, tout le monde est d'accord. Une belle-sœur est censée, comme son nom l'indique, devenir une sorte de sœur. Cela peut marcher, mais dans certains couples fusionnels frère-sœur, les choses se passent moins bien. La sœur peut se sentir trahie par l'intrusion de cette femme qui lui « vole » son frère et relève alors tous ses défauts pour justifier le sentiment de haine qui l'envahit. Cette sœur abusive, c'est peut-être vous...

Le travail sur soi

- Laissez votre frère vivre comme il l'entend ; si cette espèce de bonne femme affublée d'une minijupe dans laquelle elle semble aussi à l'aise qu'une religieuse dans un Bikini lui convient, c'est son problème, pas le vôtre.

- Peut-être est-elle seulement maladroite... Si c'est une « toute nouvelle belle-sœur », songez qu'elle doit s'intégrer dans une famille dont les codes sont rodés depuis des années.

- Elle n'est pas nouvelle et, décidément, vous ne la supportez pas ? La belle affaire ! Personne ne vous demande de faire d'elle votre meilleure amie. Et si votre frère le souhaite, répondez-lui simplement par la négative sans en faire des tonnes. Inutile par exemple de lui dire qu'elle ressemble à un grenadier ou que sa conversation vous rappelle celle d'un chameau que vous avez bien connu.
- Sa vie, son œuvre, ses goûts, tout en elle vous déplaît. Très bien ! Continuez de penser ce que vous voulez, mais gardez-le pour vous, de grâce !
- Vous vous êtes bien rendue compte que les réunions familiales sont nettement moins conviviales depuis que vous ne vous adressez plus la parole. Or, qui est la première personne à souffrir de cette situation, si ce n'est votre frère bien-aimé ?
- Lancez-vous le défi : la fin des hostilités avec votre belle-sœur !

Les fausses excuses

- Je veux sauver mon frère de son emprise.
- Je suis sûre que nous allons nous disputer et que ça ira droit dans le mur.

Votre frère a-t-il vraiment besoin d'être sauvé ? Pas sûr... Mêlez-vous de ce qui vous regarde. Le jour où il aura besoin de vous, il vous fera signe.

Passez à l'action !

Méthode douce

Elle campe sur ses positions ? Soyez plus intelligente qu'elle et faites le premier pas à sa place. C'est généralement le plus difficile. Proposez-lui de l'accompagner pour faire une course et intéressez-vous à ses goûts, souriez et recommencez autant de fois qu'il sera nécessaire et que votre courage le permettra. Ne vous attendez pas à ce qu'elle vous saute au cou, mais, peu à peu, elle verra que vous n'êtes pas si méchante que vous en avez l'air. Enfin presque...

Grâce à ce prodige de bonté, la prochaine fête familiale ne sera pas l'épreuve habituelle avec bazookas verbaux, lance-roquettes et larmes maternelles ! Bravo !

Méthode machiavélique

L'attaque ? La meilleure défense ? Certes, surtout quand l'épée est cachée sous des tonnes de compliments fielleux et mielleux... Il va vous falloir beaucoup de courage, mais jugez vous-même de l'objectif : en noyant Annabelle sous les compliments, elle ne pourra plus dégainer son 9 millimètres et vous aurez le beau rôle auprès de votre famille. Votre mère ne sera sans doute pas dupe, mais en tant que membre de l'espèce féminine habituée à ce genre de manœuvres, elle ne devrait pas vous en vouloir et, mieux encore, pourrait reconnaître votre talent...

Méthode cash

Soyez adulte une fois dans votre vie et appelez Annabelle pour convenir d'un rendez-vous neutre. Ensuite, déposez les armes et expliquez-vous une bonne fois pour toutes. Vous ne serez certes jamais les meilleures amies du monde, mais vous aurez le mérite l'une et l'autre d'avoir fait le maximum pour que les déjeuners dominicaux se passent désormais dans le calme... et, pourquoi pas, dans la bonne humeur !

Votre beau-frère vous ignore superbement

Votre beau-frère est un poème... Une ode à l'homme dans toute son horreur. Il ne jure que par les sports mécaniques, la bière et les soirées entre potes. Il traite de lavette tous ses congénères qui s'abaissent à faire des courses au supermarché. Il appelle votre sœur « poulette », parle haut et fort, arbore un torse avantageux et ne conçoit les femmes que couvertes d'un tablier dans une cuisine ou découvertes dans un lit. Lui, c'est Antonio, macho comme il ne s'en fait plus.

Le vôtre aurait-il des points communs avec ce champion du monde ?

Les indices

- Il ne vous adresse jamais la parole.
- Il ne discute que de matchs de rugby et de placements en Bourse avec votre père et vos frères.
- C'est tout juste s'il vous remercie quand vous lui passez un plat.

Ah oui, quand même ! Cet archétype de la masculinité ne fait pas dans la dentelle ! Il faut dire que, plus fille que vous, il n'y a pas. Vous vous escrimez depuis des années à ressembler trait pour trait à Carrie de *Sex in the City*, addiction aux chaussures comprise, et à multiplier les *speed dating* pour dénicher VOTRE Jude Law.

Vous rêvez d'un mini-doux et votre sœur a choisi un maxi-mâle. Le macho ferait-il son retour ?

PETIT COURS DE MACHISME POUR PARESSEUSES

- **Macho culturel**
- L'éducation, ou le corps de métier, déterminent parfois ce type de machisme.
- Pour entrer dans les cases, il faut que l'homme intègre certains modes de fonctionnement qui l'assurent dans sa masculinité.
- Vous avez déjà entendu un boucher évoquer les mérites d'une crème antiâge auprès d'une de ses clientes ?
- **Macho traditionnel**

« Ça a toujours été ainsi. » Voilà son credo et son quasi seul argument. Son père était ainsi et son fils sera peut-être pareil. C'est l'homme qui porte la culotte, et puis c'est tout ! Ah ? D'accord...

- **Macho à son papa**

Élevé au sein d'un groupe d'hommes, un enfant aura plus de mal à trouver ses repères dans la société des femmes.

- **Macho en armure**

Il ne supporte pas la place que les femmes prennent dans la société et a décidé de lutter pied à pied. C'est de bonne guerre ! Celui-là n'est pas forcément un vrai macho indécrottable !

- **Macho de circonstance**

Il n'est pas vraiment macho, mais a constaté que certaines apparences de macho lui garantissaient un succès assuré auprès des femmes. Ce macho-là a tout du dragueur en puissance et, il faut l'avouer, a parfois un certain charme.

LE BON CÔTÉ !

Votre sœur et vous ne serez jamais en concurrence.

Le travail sur soi

- Soyez indulgente. Le pauvre homme ignore que les suffragettes ont ouvert la voie et que les années « flower power » ont laissé quelques traces ? Peu importe après tout !

- Vous l'appelez Don Corleone, mais il ne semble guère apprécier. Mais que diable lui trouve votre sœur ? Eh bien, ne vous en déplaise, il en faut pour tous les goûts, et les signes extérieurs de masculinité sont encore assez prisés ! Ne perdez pas votre temps à expliquer à votre sœur que le bonheur est ailleurs (d'ailleurs, a-t-elle l'air si malheureuse ?) et gardez vos critiques pour vous.
- Rappelez-vous que ce n'est pas avec vous qu'Antonio est marié. Et que, par conséquent, vous ne vivez pas ensemble. Cela dit, ce n'est pas une raison pour tout tolérer.

Votre beau-frère à vous n'a rien du macho sympathique, c'est un hybride des deux premières catégories. Inutile de l'attaquer de front, il va falloir faire preuve de subtilité pour en faire votre premier supporter !

Passez à l'action !

Méthode douce

Être compréhensive ne signifie pas que vous allez devoir commenter toutes les rencontres sportives un bob vissé sur la tête en sifflant une ou deux petites bières. Encore moins que vous devez rester terrée dans la cuisine en tête à tête avec votre sœur. En revanche, ayez quelques petites attentions : portez-lui un bol de cacahuètes, félicitez-le pour la ligne de sa voiture, admirez son talent pour les placements... Ces petits gestes feront passer la pilule lorsque vous refuserez – avec un grand sourire – de changer de chaîne au moment de son match. Avec un peu de chance, il se portera volontaire pour votre déménagement. On ne peut rien refuser à une si gentille belle-sœur qui a tant besoin d'un homme tel que lui.

Jugez un peu : vous n'aurez même pas à payer de votre personne, votre sœur s'en charge ! C'est magnifique !

Méthode machiavélique

Vous aimez le sport ? Non ? Faites semblant ! Prenez quelques cours de rattrapage auprès de vos collègues masculins autour de la machine à café et préparez-vous à faire votre petit effet lors du prochain repas familial. Glissez les termes « drop », « chandelle », « en-avant » et « chistera » et vous devriez voir au moins quatre hommes rester cois... Gardez pour vous que vous aimez surtout les rugbymen dans un calendrier, puis achevez-les en parlant d'un air entendu d'un essai à la Lomu. Silence admiratif garanti !

Méthode cash

Offrez-lui *Le Deuxième Sexe* de Simone de Beauvoir ou *XY* d'Élisabeth Badinter, vous verrez bien comment il réagit ! C'est peut-être un « mâle » qui finit bien !

Votre frère raconte vos souvenirs dans les dîners de famille

Vous le détestez ! ! ! Qui donc ? Mais votre frère pardi ! D'habitude vous vous entendez plutôt bien, mais il a cédé à un de ses vilains (et anciens) défauts lors d'une réunion de famille : face à vos parents médusés et à votre grand-tante carrément choquée, il a raconté votre dernier week-end à Amsterdam avec moult détails. Substances prohibées, nuits volées et petit matin hébété... tout y est passé !

Vous auriez dû vous en douter, car ce n'est pas la première fois qu'il se permet d'évoquer ce que vous lui avez fait jurer de ne pas répéter. À croire que l'affreux ado boutonneux, qui volait votre journal intime pour en lire les moments les plus croustillants à ses non moins repoussants copains, est toujours là... Vous allez l'aider à grandir !

LE TOP 5 DE CE QUI NE DOIT JAMAIS TOMBER ENTRE SES MAINS

1. Vos photos de classe.
2. Le film de vos pénibles débuts en ski nautique.
3. Vos lettres d'amour.
4. Votre prestation filmée à la fête à Neuneu... hum...
5. Les clichés pris pendant l'année qui a suivi votre accouchement – excellent souvenir de la dizaine de kilos répartis sur l'ensemble de votre corps de Diane...

Mais pourquoi est-il si bête ?

Le travail sur soi

- La moquerie au cœur de la fratrie (et pas seulement) permet avant tout à celui qui en use de se faire valoir. Ce n'est donc pas vous qui êtes directement en cause. Il s'agit pour lui de faire rire l'assemblée et donc de mobiliser l'attention. Cela dit, ce n'est pas ça qui va vous consoler d'avoir été ridiculisée en public, fût-il familial...
- Analysez vos relations avec votre frère. Pourquoi souhaite-t-il se valoriser par rapport à vous ?

Passez à l'action !

Méthode douce

N'agissez pas le jour même, certaines blessures mettent un certain temps à cicatriser. Mieux vaut être calme pour aborder le sujet. Dites à votre frère que vous avez souffert de son manque de discrétion à votre égard. Rappelez-lui qu'il est le dépositaire de certains secrets justement parce que vous lui faites confiance. Il doit continuer à se montrer digne de cette confiance pour que vous puissiez rester amie avec lui. Si vous ne parvenez pas à exprimer vos sentiments à l'oral, passez par l'écrit.

Méthode machiavélique

Œil pour œil, dent pour dent... Une petite *Web gallery* consacrée à ses meilleurs portraits du primaire au lycée avec une large partie consacrée à la puberté, boutons et appareils dentaires à l'appui, devrait lui donner une idée de ce que le sentiment de honte veut dire.

Méthode cash

Répondez ! Préparez une bonne vieille vacherie à son propos et clamez-la dès que l'assemblée est prête à vous écouter. Il devrait adopter un profil bas... Au moins pendant quelques jours !

Votre beau-frère vous drague ostensiblement

Au secours ! ! ! C'est en substance le message que vous avez adressé, paniquée, à votre meilleure amie par SMS. Non, vous n'êtes pas tombée sur une photo de vous, ado, épinglée sur un tableau d'affichage à l'occasion d'une réunion des anciennes combattantes. Non, vous n'avez pas croisé le sublime Étienne au bras d'une pimbêche nettement moins jolie que vous. Pire que tout : votre beau-frère vient juste de vous glisser des mots doux à l'oreille lors du mariage de votre cousine. Oups !

Les indices

- Chez vos parents, il vous suit dès que vous allez à la cuisine.
- Il est le seul à rire franchement de vos blagues.
- Il vous répète à l'envi que vous ressemblez trait pour trait à Angelina Jolie.

Aïe ! aïe ! aïe ! Les choses sont claires, vous voilà dans le pétrin.

Le travail sur soi

- Ne vous laissez surtout pas emporter ! Vous seriez bien tentée de régler ce problème en giflant le malotru ou en ne lui adressant plus jamais la parole. Seulement voilà, le malotru en question est votre beau-frère, autrement dit le mari/chéri de votre sœur. Cette simple galéjade pourrait vite tourner au drame si vous n'y prenez pas garde.
- Respirez, éloignez-vous un moment et réfléchissez.
- N'en parlez à personne ! Et surtout pas à maman !

TYPOLOGIE DES SÉDUCTEURS

- **Casanova**

Il aime les femmes, sa femme et toutes les autres. Il les écoute, les comprend, les flatte, les met en valeur, les fait se sentir uniques... mais c'est juste une impression !

- **Petit Prince**

Il a un air fragile, toujours un peu triste, qui ne demande qu'à être consolé. Méfiance, c'est un redoutable prédateur qui n'a souvent pas plus de cœur qu'un parpaing.

- **Indiana Jones**

C'est un hybride d'aventurier, un rien Hemingway à ses heures. Sa présence est rassurante, enivrante comme un parfum d'exotisme. On se dit qu'on a de la chance, alors mieux vaut en profiter avant de découvrir l'envers du décor !

- **Bob le Flambeur**

Un peu de *golden boy*, beaucoup d'esbroufe. Il a tout vu, tout fait, il brille, on ne voit que lui. On se laisse prendre par sa lumière au risque de se brûler les ailes au feu de la déception.

- **Ken la Bombe (spécimen parfois doublé d'un don Juan)**

Il est juste beau à tomber à la renverse. Il peut séduire sans le vouloir, mais si son physique sublime est mis au service de la séduction, il devient redoutable. Il peut alors devenir un don Juan collectionneur. Pas forcément heureux pour autant, mais à chacun sa croix !

- **L'angoissé**

C'est le cas le plus fréquent. On le rencontre chez les jeunes pères ou les futurs mariés. Il réapparaît ensuite sporadiquement, notamment vers la cinquantaine. Il ne cherche pas vraiment à séduire, mais plutôt à se rassurer.

Passez à l'action !

Méthode douce

Dans un premier temps, gardez le secret et faites comme si rien ne s'était passé. Peut-être votre beau-frère a-t-il simplement perdu le contrôle ou voulu tester son pouvoir de séduction. Adoptez une attitude parfaitement neutre. L'affaire est suffisamment délicate pour que vous vous donniez un peu de mal. Soyez toutefois attentive à son attitude vis-à-vis des autres jeunes femmes. Il serait intolérable que ce coureur rende votre sœur malheureuse.

Méthode machiavélique parfaitement immorale

S'il renouvelle ses propositions, donnez-lui rendez-vous et menacez-le de tout dévoiler à l'ensemble de la famille. Au besoin, faites-le chanter ! Après tout, ce joli tailleur fuchsia en vaut la peine !

Méthode cash

En dernier recours, vous serez peut-être dans l'obligation d'informer votre sœur des agissements de son mari. N'abordez pas cette explication comme une épreuve insupportable à surmonter pour votre sœur : cette dernière la vivra peut-être comme une expérience salutaire. Après tout, mieux vaut crever l'abcès avant que les choses prennent des proportions trop importantes. Encore une fois, évitez d'y mêler le reste de la famille.

Votre belle-sœur vous juge à l'aune des anciennes conquêtes de votre chéri

Non, vous ne vous appelez pas Ingrid ! Combien de fois allez-vous devoir le répéter à votre belle-sœur Judith ? Cette bourde inconsciente, ou assumée, a le don de vous mettre en boule, d'autant que l'Ingrid en question n'est autre que l'ex de votre chéri.

Et, aux dires de toute la belle-famille, une véritable bombe ! Blonde, longue, sculpturale, l'archétype de la Suédoise, alors que vous êtes plutôt... euh... toute en courbes, avec des cheveux roux ou châtain selon les envies du moment ou les ratages couleur.

Heureusement que votre chéri est là pour vous dire à quel point vous êtes la femme de sa vie et qu'il a depuis longtemps oublié Ingrid, son corps de rêve et ses cheveux d'or ! Lui peut-être, mais vous... Vous avez beaucoup de mal !

Les indices

- Votre belle-sœur ne comprend pas pourquoi votre chéri n'a pas fondé une grande famille avec Ingrid.
- Elle continue à fréquenter la gourgandine.
- Elle feint de confondre vos goûts, vos habitudes, votre job avec ceux de l'Autre...

Le travail sur soi

Le problème se décline en deux points : votre belle-sœur et l'ex-fiancée devenue une icône.

- Pour la première, faites-vous une raison. Quels que soient les motifs qui la poussent à agir de la sorte, vous ne vivez pas avec elle. C'est son frère que vous avez choisi, pas elle. Adoptez la même méthode qu'à l'égard de votre affreux beau-frère. Vous pourriez être surprise du résultat.
- En ce qui concerne la seconde, les choses sont plus complexes. Vous êtes jalouse de l'une des anciennes conquêtes de votre Jules... Banal, mais douloureux, ce sentiment s'accompagne d'une terrible impression de dévalorisation. Il s'agit de désamorcer ce processus :

— il l'a quittée : voilà bien la preuve que leur relation n'était pas si formidable que vous voulez le croire ;

— elle l'a quitté : tant mieux ! C'est vraiment une gourde !

Et après tout, rappelez-vous que lui non plus n'est pas le premier à avoir la chance insigne de passer entre vos bras !

BON À SAVOIR

La jalousie est un signal. Elle doit vous alerter sur votre manque de confiance en vous. Il serait peut-être judicieux de vous faire aider pour reprendre le contrôle de vous-même. À défaut, vous risquez de vous enfoncer dans une spirale infernale et de devenir invivable.

Passez à l'action !

Méthode douce

- Restez calme et ne manifestez pas votre énervement devant votre belle-sœur. Dites-lui simplement qu'elle se trompe une fois de plus et que son erreur devient blessante.

- Expliquez à votre chéri que vous souffrez de cette situation. Mettez des mots sur ce qui vous chagrine et ne le laissez pas prendre les choses à la légère. Si c'est lui qui entretient le doute, il est temps de passer à une phase plus coercitive !

Méthode machiavélique

Ignorez Judith lorsqu'elle se trompe de prénom ou, mieux encore, appelez-la du prénom de la collègue qu'elle déteste. Elle devrait apprécier votre sens de l'échange.

Au fait, avez-vous pensé à dire à votre chéri que votre ex est de retour du Japon et qu'il vous a invitée à dîner ? Euh... peut-être pas...

Méthode cash

Ni votre belle-sœur, ni votre cher et tendre ne parviennent visiblement à faire le deuil du passé ? Invitez Ingrid à boire un café et demandez-lui ce qu'elle en pense. Peut-être sera-t-elle votre meilleure alliée dans cette entreprise familiale de dénigrement de votre – pourtant – charmante personne.

Votre belle-sœur espionne pour le compte de votre belle-mère

Si, si, vous, vous êtes certaine d'avoir caché votre journal intime dans le tiroir gauche de votre bureau et non dans celui de droite ! Et vous êtes sûre de n'avoir jamais évoqué les conflits au boulot auprès de votre beau-frère, tout comme vous n'avez jamais, mais alors jamais, parlé à qui que ce soit (sauf à votre meilleure amie Laurence, mais c'est différent car elle est votre clone...) des problèmes de vigueur que rencontre parfois votre homme.

Alors comment expliquer que votre belle-mère, au courant de tout, se soit empressée d'appeler son fils préféré, qui se trouve être accessoirement votre mari, pour le questionner à ce sujet ?

Vous l'avez forcément mal pris et votre chéri aussi par la même occasion... Dieu que les hommes sont susceptibles, vous dites-vous !

Les indices

- Votre belle-sœur se change trois fois dans votre chambre avant de partir en boîte de nuit.
- Votre beau-frère adôôôre votre mère qui est aussi bavarde que Danièle Évenou et qui n'a de cesse de raconter votre passé.
- Votre si fade beau-père bricole votre téléphone portable pour vous installer la sonnerie de *La croisière s'amuse*.

Ils ne sont peut-être pas aussi innocents qu'il y paraît. Attention, traîtres en vue !

Le travail sur soi

- Menez une petite enquête afin de découvrir qui est la taupe dans la famille afin de vous en méfier comme de la peste !
- Un poil naïve, vous avez pourtant tendance à faire confiance à la terre entière ; mais vous n'êtes plus dans le monde tout rose de Candy et il va vous falloir regarder votre belle-famille telle qu'elle est vraiment... C'est-à-dire humaine, avec ses qualités et ses faiblesses.
- Demandez-vous pourquoi votre belle-mère, le dragon en chef, y occupe une telle place et ne cherchez plus d'excuses à votre beau-père ni à vos

beaux-frères. Cette omniprésence maternelle leur permet peut-être de ne pas s'impliquer dans les problèmes familiaux et de continuer à faire l'autruche, tranquilles dans leur coin.

BON À SAVOIR

Si votre belle-famille cherche à ce point à tout savoir de vous, c'est peut-être parce que vous ne communiquez pas assez. Leur adressez-vous seulement la parole ?

Passez à l'action !

Méthode douce

Une fois le traître démasqué, jouez sur les sentiments et vous devriez le ou la faire craquer en lui disant que vous vous sentez blessée et trahie. Le fautif devrait alors vous avouer s'il agit seul ou s'il est un cheval de Troie dans la forteresse que vous aviez cru construire avec votre chéri, loin des regards maternels et des critiques familiales.

Méthode machiavélique

La taupe a agi seule ? Demandez-lui de se mêler de ses affaires. Elle est l'éminence grise de belle-maman ? Laissez votre Jules régler le conflit directement avec sa douce maman...

Méthode cash

Placez des pièges à loups dans votre chambre, électrifiez votre journal intime, installez un code d'accès sur votre ordinateur portable, puis embusquez-vous dans une tenue camouflage, armée d'une bombe de gaz lacrymogène.

Votre tante a un sens (trop) élevé du sacrifice

Tante Marie. À lui seul son prénom résume le personnage... Une dame patronnesse, mère courage, petite sœur de la charité, la sainte de votre famille, quoi !

Elle n'a qu'un mot à la bouche : sa-cri-fice. Elle s'est dévouée tout entière à sa tâche. Elle ne s'est pas mariée pour mieux se consacrer aux enfants de ses frères et sœurs, passe ses week-ends au chevet de personnes en fin de vie, bref, elle est toujours là pour tout le monde. « Trop » là pour tout le monde, serait plus juste.

Les indices

- Besoin d'une cuisinière pour un dîner mondain ? Elle accourt avec ses casseroles.
- D'une baby-sitter de confiance ? Elle passe la nuit dans le salon avec le babyphone collé à l'oreille.
- De quelques centaines d'euros pour faire réparer votre antique 205 ? Elle ferme son Codevi dans l'heure.

C'est bien simple : tante Marie rend tellement de services à toute la famille qu'elle est devenue incontournable, incritiquable... INSUPPORTABLE ! Même si la honte vous rosit les joues, vous ne pouvez pas supporter sa cuirasse de bonté.

LE DON DU VAMPIRE

Seriez-vous jalouse de cette prodigieuse capacité à donner de soi et de cet amour qu'elle attire à elle ? Peut-être un peu, mais ce n'est pas la seule raison.

Chez la plupart des personnes ordinairement constituées, l'aide s'inscrit dans un processus d'échange. Un coup de main peut être gratuit, bien sûr, mais il implique naturellement un juste retour d'ascenseur lorsque l'occasion se présente. En revanche, l'aide poussée à son paroxysme devient pesante. Elle est un moyen de domination puisqu'elle maintient le bénéficiaire dans une sorte de dépendance.
De son côté, la personne qui apporte cette aide poussée à l'extrême joue sur toute la gamme de l'esprit de sacrifice. Elle n'est pas toujours consciente de la perversité de la manœuvre, mais attend de son cheptel de la reconnaissance, de l'amour, et si possible de l'admiration. Ce type de personne vampirise le quotidien afin d'y occuper une position centrale. Cette attitude peut également traduire une volonté de ne pas être confronté à ses propres besoins. En vivant au travers des autres et pour les autres, on s'épargne le face-à-face avec le vide sidéral de sa propre vie.

Pour se protéger de ces envahissantes manifestations de générosité, inutile d'avoir recours aux colliers d'ail. Il suffit d'apprendre d'une part à recevoir et d'autre part à dire « non ».

Passez à l'action !

Méthode douce

Recevoir, c'est être capable de profiter sans culpabiliser. Acceptez donc l'aide dont vous avez vraiment besoin sans omettre de remercier. Pour autant, ne conservez pas la porte ouverte en acceptant systématiquement des coups de main.

Méthode machiavélique

Tentez de piquer la place de cette sainte femme temporairement. Soyez de toutes les réunions de famille et laissez votre portable allumé en permanence pour répondre à tous les appels au secours. Assenez le coup fatal en annonçant votre prochain départ pour les bidonvilles de Calcutta. Tante Marie ne pourra pas s'aligner. Il ne vous restera plus qu'à prétexter un tremblement de terre très localisé d'une magnitude 7 la veille de votre départ pour sauver la face.

Méthode cash

Ne cherchez pas midi à quatorze heures et dites-lui « non ». Surtout quand les propositions d'aide deviennent systématiques. Pour cela, vous devez être lucide envers vous-même : n'auriez-vous pas une petite tendance à abuser ?

10 PETITS TRUCS POUR GARDER LE SOURIRE LORSQUE VOTRE FAMILLE MET SON GRAIN DE SEL

1. Ne culpabilisez pas

Ce n'est pas forcément votre faute si vous ne vous entendez pas avec votre frère ou votre sœur. Ce sont peut-être vos parents et leur comportement qui sont responsables.

2. N'abandonnez pas

Faites en sorte de rester en contact avec vos frères et sœurs, retrouvez-vous de temps en temps, loin du giron maternel, vous vous rendrez peut-être compte que vous vous entendez bien et que vous pouvez être amis.

3. Réjouissez-vous de votre situation

Ce n'est pas parce que votre frère semble passionner vos parents avec ses histoires de boulot ou que votre sœur les accapare dès qu'elle rentre dans une pièce avec son « merveilleux » mari que leur vie est nécessairement plus marrante que la vôtre. Demandez-vous s'ils ne vous envient pas un peu parfois.

4. Ne gaspillez pas votre énergie à détester votre belle-sœur...

Elle ne deviendra jamais votre meilleure amie. Et alors ? Si votre frère est heureux, laissez-le donc vivre sa vie. Cela facilitera les rapports de toute la famille. Et puis, qui sait, elle mérite peut-être simplement que vous appreniez à mieux la connaître. Elle n'est probablement pas si terrible que ça...

5. ... ni votre beau-frère

Sous ses airs de macho archétypal, lui non plus n'est peut-être pas si terrible. Si votre sœur est heureuse...

6. Gardez vos secrets de vacances pour vous

Cela vous permettra de ne pas avoir à vous venger lors des repas de famille !

7. Restez zen

Vous ne voulez certainement pas faire de peine à votre sœur, alors si son séducteur de mari joue les Casanova avec vous, ne répliquez surtout pas et éloignez-vous un moment, le temps de vous remettre les idées en place.

8. Ayez confiance en Jules

Certes, votre belle-sœur fait tout pour vous mettre mal à l'aise en vous comparant à l'ex-fiancée de Jules. Mais au final, c'est bien vous qu'il a choisie, non ? Alors laissez-la dire et restez aussi zen que face à votre beau-frère-Casanova.

9. Méfiez-vous !

Si, au contraire, votre chère belle-famille semble vouloir devenir votre meilleure amie, c'est peut-être pour garder le contrôle de la vie que vous menez avec votre (leur) cher et tendre.

10. Devenez plus indépendante

Cela vous permettra de vous défaire de l'emprise de votre sainte et omniprésente tante, toujours là pour répandre sa générosité, mais aussi d'apprécier son aide quand elle sera vraiment nécessaire.

chapitre 5

Comment faire face lorsque l'homme de votre vie use et abuse

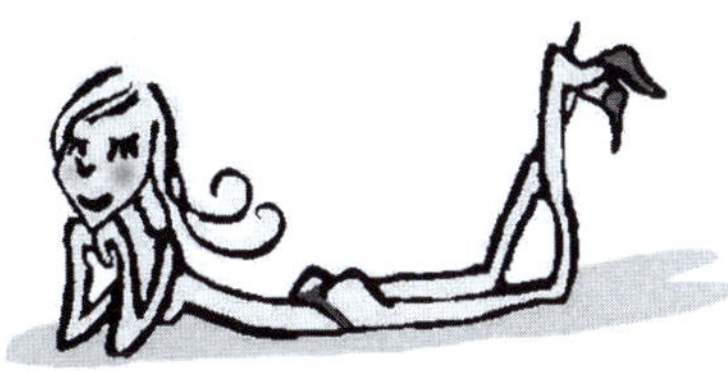

Et si vous faisiez le point sur votre couple ?

Votre amour de toujours, soleil de vos jours et astre de vos nuits, est-il l'homme de votre vie ? Voilà une question à laquelle il est parfaitement impossible de répondre sans être une parfaite idéaliste, mais que se posent, depuis la nuit des temps, toutes les femmes normalement constituées.

« Euh... Peut-être... », « Pourquoi pas ? » répondez-vous, scrutant dans ses beaux yeux le moindre indice qui vous permettrait d'y croire.

Quelques pistes ? Vous le trouvez séduisant, intelligent, enthousiasmant, mais aussi, à vos heures perdues, égocentrique, lunatique et critique.

Bref, vous l'aimez, mais il a parfois le don de vous mettre en boule à tel point que vous avez souvent envie de l'envoyer valser ! Surtout quand il oublie comment fonctionne le lave-linge et qu'il confond la date de votre anniversaire avec celle de son meilleur pote !

Où en est la communication dans votre couple ?

1. À quand remonte votre dernière véritable discussion sur votre couple ?

a) À la semaine dernière.	1
b) Au mois dernier.	2
c) Au lendemain de votre première rencontre.	3

2. Quelle langue parlez-vous ?

a) La même : celle de l'amour.	1
b) Il parle foot et vous shopping, mais vous vous comprenez quand il s'agit de vos valeurs communes.	2

c) Vous avez besoin d'un traducteur tant vous vous exprimez dans des langues différentes. 3

3. Sait-il ce que vous pensez de sa mère ?

a) Oui, et il a appris à gérer les situations conflictuelles. 1
b) Oui, mais il refuse d'en parler. 2
c) Non, et il croit même que vous l'adorez. 3

4. Partagez-vous des centres d'intérêt ?

a) Oui, quelques-uns. 1
b) Oui, mais ils se comptent sur les doigts du tiers d'une main. 2
c) Non, aucun. 3

5. Faites-vous des efforts pour l'autre ?

a) Oui, tous les jours, enfin presque. 1
b) Oui, parfois, mais quand c'est lui qui en fait d'abord. 2
c) Non, et puis quoi encore ? ? ? 3

RÉSULTATS

- **Vous avez une majorité de 1.**

Tout va relativement bien entre vous et vous communiquez suffisamment. Vous avez une recette ? Un truc ? Alors c'est que vous mentez, non ?

- **Vous avez une majorité de 2.**

Votre couple n'est plus ce qu'il était. Prenez les choses en main tant que vous vous souvenez de son prénom !

- **Vous avez une majorité de 3.**

Vous êtes presque devenus des étrangers l'un pour l'autre. Il est temps de réagir et d'adopter un programme de choc ou de partir.

Votre copain/conjoint/mari/ concubin ne vous écoute pas/ ne vous comprend pas

Les indices

- Vous avez l'étrange sensation d'être devenue transparente. Auriez-vous minci plus que de raison ?
- Il ignore toujours que vous faites de la danse africaine tous les mardis soirs.
- Il ne comprend pas votre passion pour les baby-showers.

Aucun doute, il est devenu monstrueusement égoïste et ne vous accorde plus l'attention que vous méritez. À ses yeux, vous faites même partie des meubles ! Cette situation a certes parfois des avantages, car il vous laisse une paix royale et la toute-puissance sur la télécommande de la télé de la chambre, pendant que lui hante le salon. D'ailleurs, il ne vous demande rien quand vous partez le samedi après-midi rejoindre vos copines pour une virée shopping.

Alors, liberté chérie ou tendre complicité ? Si, définitivement, cette situation ne vous convient pas, il va falloir adopter de bonnes résolutions et prendre le taureau, que dis-je, le mâle, par les cornes !

Le travail sur soi

- Essayez d'analyser les raisons qui vous ont menée à adopter ce type de relations.
- Tentez de mettre des mots sur vos sentiments avant de commencer la conversation, au besoin écrivez tout ce qui vous pèse.

- Choisissez un moment propice, si possible hors de la maison afin de ne pas être happés par le quotidien.
- Il ne reste plus qu'à entamer le dialogue. Or parler de son couple avec son partenaire est un exercice difficile. Très difficile même, à mesure que le temps passe. Dans ce contexte précis, la communication peut être la meilleure ou la pire des choses, car elle peut rapidement virer à la partie de ping-pong. Les partenaires pensent dialoguer lorsque chacun monologue. N'est-ce pas ? Il va donc falloir trouver la solution qui conviendra le mieux à votre cas !

BON À SAVOIR

Ne soyez pas défaitiste. Les statistiques ne doivent pas vous faire jeter l'éponge. Certes, le nombre de divorces s'envole et dans 4/5 des cas, ce sont les femmes qui le demandent, mais certains couples résistent !

Passez à l'action !

Méthode douce

Dans un couple, si on n'y fait pas attention, on est vite figé dans des rôles : celui du plaintif, de l'agressive, du colérique ou de la malheureuse, etc. Si vous restez coincés dans ce schéma malsain, il n'y a aucune chance pour qu'une vraie communication s'établisse. Proposez à votre chéri des rendez-vous rien qu'à vous : ces petits moments devront se dérouler dans le calme afin de vous permettre de pointer les difficultés que vous rencontrez et de tester vos capacités d'adaptation et de créativité face à ces problèmes. Et si l'envie de câliner se substitue à celle de discuter, tant mieux ! Le dialogue sur l'oreiller donne de très bons résultats.

Méthode donnant-donnant

Il faut dialoguer différemment... Certes, mais comment ? Car même lorsque vous décidez de passer des moments rien que vous deux au restaurant ou en week-end, vous avez du mal à sortir des conversations quotidiennes sur les enfants, la maison ou le boulot.

Essayez de refaire connaissance ! Faites un effort et acceptez d'assister à un match de foot ou de rugby. Suivez-le en randonnée ou inscrivez-vous à l'un de ces jeux de réseau qu'il affectionne et retrouvez-vous dans un univers virtuel. Votre chéri n'en reviendra pas de tant de gentillesse et devrait accepter en échange de réfléchir à ce qui ne fonctionne pas entre vous. Ce qui ne fonctionnait pas entre vous, devrait-on plutôt dire !

Méthode cash

Il semble toujours autiste et vous confond avec votre voisine ? Il refuse toute discussion et se braque à l'idée de partager quoi que ce soit avec vous. Il est temps de voir la réalité en face ! Proposez-lui un marché, ou plutôt imposez-lui un marché : soit il accepte de faire une thérapie de couple avec vous, soit vous cessez toute relation diplomatique. La méthode est brutale ? Certes, mais le cas est désespéré !

Votre copain/conjoint/mari/ concubin ne vous aide pas et en rajoute une couche en jetant ses chaussettes par terre

Il jette ses chaussures à l'autre bout de la pièce dès qu'il rentre du bureau, laisse moisir les assiettes sales dans l'évier quand vous êtes en déplacement et n'a toujours pas compris pourquoi il faut aussi passer l'aspirateur sous les tapis. « Il », c'est votre chéri, le père de vos enfants, mais aussi un être étrange pour qui ménage rime avec carnage... Et ça a le don de vous énerver ! Surtout quand il grogne parce qu'il doit débarrasser la table ou qu'il se vante auprès de ses collègues d'être le roi de l'improvisation en cuisine. Le chef des armées dans une cuisine dévastée, oui !

Il ne fait quasiment rien dans la maison, pire encore, il critique le moindre pli sur une chemise et lève les yeux au ciel quand vous décidez de nettoyer son vieux PC.

PETIT RETOUR EN ARRIÈRE...

Vous avez beau vous creuser la tête, le fourbe dissimulait bien son jeu. Lors de votre rencontre, votre cher et tendre vous a bel et bien caché son mépris pour les tâches ménagères. Il vous invitait très régulièrement au restaurant – nettement moins salissant –, vous emmenait au cinéma, puis vous ramenait dans un studio – apparemment propre, si tant est que la nuit et vos préoccupations du moment vous permettaient d'en juger. C'est un peu plus tard, alors que vos brosses à dents cohabitaient déjà dans un verre commun, qu'il a commencé à tester votre *self-control* en laissant négligemment traîner ses caleçons dans la chambre. Quelques semaines passèrent avant que vous retrouviez de vieilles boîtes de pizzas gorgées d'huile piquante sous la table du salon. L'animal vous amenait peu à peu à compenser son incompétence en agissant à sa place. Il menait bien sa barque puisqu'il a fini par vous dompter. Depuis, il ne fait plus rien, arguant que vous n'avez même pas remarqué ses efforts le jour où il passé l'aspirateur dans tout... le dressing... Voilà comment a commencé cette guerre des tranchées...

Les indices

- Il croit qu'un tablier ne sert que lors des enterrements de vie de garçon.
- Il met toujours la fourchette à droite à table.
- Il a ruiné quelques-uns de vos plus beaux soutiens-gorge en les faisant bouillir à la machine (ça prouve au moins qu'il a essayé, à moins qu'il ait voulu vous démontrer qu'il ne pouvait décidemment rien faire !).

Il est parfaitement incompétent en matière de ménage. C'est un fait, mais ce n'est pas une raison pour vous faire trimer.

Le travail sur soi

- C'est écrit dans les gènes. Lorsque Adam et Ève furent chassés du paradis terrestre, leur première dispute fut évidemment à propos du partage des tâches ménagères. Des siècles et des siècles plus tard, la guerre du balai n'est toujours pas terminée.
- Admettez-le, les hommes et les femmes ont des points de vue différents sur un nombre impressionnant de sujets (tous ?), mais jamais autant que concernant leur perception du ménage. Et le fossé se creuse avec les années, surtout quand naissent les enfants.
- Cela étant dit, votre temps de repos est au moins aussi important que le sien et n'a pas à être parasité par des considérations ménagères. Vous êtes paresseuse, oui ou non ?

BON À SAVOIR

Un homme est aussi capable qu'une femme de faire le ménage et la vaisselle. Certains indices tendraient à prouver qu'ils sont même plutôt plus doués que nous ! M. Propre est bien là pour le démontrer ! Et il est loin d'être le seul ; nombreux sont les annonceurs de produits ménagers qui ont choisi un représentant masculin pour vanter les mérites de leur marque.

Passez à l'action !

Méthode douce

- Ne divorcez pas ! Vous ne supportez plus son refus de s'impliquer dans la maison. Dites-le-lui ! Toutefois, évitez la critique franche et directe qui pourrait avoir pour effet de le braquer. L'homme est un animal susceptible !

- Vantez ses capacités d'adaptation. Insistez sur le besoin que vous avez de lui. Vous le flatterez et titillerez sa fibre chevaleresque.
- Proposez ensuite une répartition des tâches ménagères.

Au mieux, vous parviendrez à un *modus vivendi* ; au pire, il vous proposera de prendre une femme de ménage. Dans ce cas, pas de scrupules, acceptez sans sourciller !

Méthode machiavélique

- Tout d'abord, dites-vous que s'il existait une façon, aussi compliquée, aussi tordue soit-elle, de s'épargner une besogne fastidieuse, un homme l'aurait déjà expérimentée.
- Dans un couple adepte du ménage partiel, l'homme réussira facilement à contourner l'équité en choisissant ses tâches préférées et en exagérant leur importance. Ainsi, l'arrosage du jardin ou la pose d'une étagère deviennent à ses yeux aussi essentiels que le passage de l'aspirateur ou le nettoyage du four.
- Inutile de ruser en tentant de lui faire croire qu'il vous a promis de faire la vaisselle tous les soirs lors de votre dernier anniversaire de mariage : à moins de l'avoir drogué, aucun homme, aussi amoureux soit-il, ne prendrait le risque de s'aliéner une vie entière devant un évier.
- Pas la peine non plus de vanter les mérites de son frère qui partage sans mot dire toutes les tâches ménagères avec son épouse. Tout juste récolterez-vous un sourire narquois et votre beau-frère des remarques perfides lors de la prochaine réunion de famille.

- Faites plutôt appel à votre fameuse fourberie : annoncez-lui que votre mère va venir s'installer à la maison pour vous aider au quotidien. Il devrait vite mettre la main à la pâte.
- Vous pouvez aussi vous inspirer de la méthode redoutable de Lynette dans *Desesperate Housewives* en invitant une petite souris chez vous le temps d'une journée d'absence. Vous constaterez, ébahie, de retour le soir, que la maison est propre comme un sou neuf !

Méthode cash

Il n'existe pas 36 000 solutions pour transformer votre homme en magicien du logis. Il va falloir avoir recours à la méthode forte et pour cela prendre sur vous.

Un seul mot d'ordre : la grève illimitée. Cessez de lui préparer de bons petits plats, ne lui repassez plus ses caleçons avec amour et accueillez ses parents dans un salon où se frayer un chemin est un véritable parcours du combattant. Votre homme de Cro-Magnon ronchon devrait se transformer dans les deux jours en homme à tout faire !

Votre copain/conjoint/mari/ concubin se laisse draguer outrageusement par la voisine/cousine/ gourgandine !

Vous en êtes encore rouge de honte et même verte de rage... On le serait à moins ! Votre compagnon a tout bonnement laissé sa nouvelle collègue le draguer de façon éhontée pendant toute la soirée organisée par leur entreprise et il l'a même invitée à danser. Et ce n'est pas la première fois que ce goujat vous fait subir cet affront. Vous vous souviendrez longtemps de vos dernières vacances en Crète, des regards appuyés de votre voisine de bungalow et des sourires béats de votre mari.

Vous avez beau partager sa vie depuis... un certain temps, vous n'êtes toujours pas habituée à disparaître dès qu'une autre femme entre dans son champ de vision. « *Ce n'est pas pareil ma chérie, ne sois pas idiote...* » Justement, vous avez décidé de ne plus être idiote !

Les indices

- Il est flatté par les remarques élogieuses de votre concierge qui doit pourtant peser un quintal (comment ça, un quintal représente 500 kilos ? ? ?).
- Il passe au moins vingt minutes dans la salle de bains avant de revoir les anciens (anciennes ?) de son collège.
- Il sait faire des clins d'œil avec les DEUX yeux.

Bref, votre paon fait la roue. Il est temps de lui plumer l'*ego*.

Le travail sur soi

Attention ! Remettre votre don Juan dans le droit chemin ne vous autorise pas à le mettre sous clé. Faites donc le point sur vos motivations.

- Vous êtes jalouse et c'est bien naturel. Estimez la confiance que vous lui portez. Est-elle infaillible ? Faites la part entre la jalousie maladive infondée contre laquelle vous devrez lutter et la jalousie fondée sur de micro-indices...

- Avez-vous confiance en vous ? en votre couple ? Ces craintes reposent sans doute sur un passif. Mésentente, reproches, petit accroc dans le contrat. Réglez d'abord vos problèmes. Ces histoires de séduction ne sont que les symptômes d'une maladie plus dangereuse qui mine votre couple.
- Si aucune crainte sérieuse ne vous travaille, cessez de vous torturer et ne perdez pas de vue que si votre Jules plaît autant, c'est peut-être tout simplement parce qu'il est séduisant ! Soyez plutôt fière de votre relation et ne vous accrochez plus à son bras comme une bernique à son rocher. Il ne va pas s'enfuir !

S'il est plus entreprenant que flatté, les choses sont sensiblement différentes... Agissez !

Passez à l'action !

Méthode douce

- Feignez l'indifférence. Rien de pire en matière de vexation !
- Essayez de maîtriser vos émotions physiques. Respirez lentement avec le ventre et imaginez-vous dans une situation aussi agréable que possible...
- Ordonnez vos pensées. Modifiez-les pour parvenir à des émotions moins négatives. Puis, enfin, pour ne pas vous ridiculiser, abandonnez... Provisoirement.
- Qu'attendez-vous de lui ? Définissez clairement vos attentes.

Une fois que vous avez retrouvé votre calme, posez les choses.

Méthode machiavélique

Faites subir à votre chéri ce que vous supportez trop régulièrement. Chargez un collègue plutôt beau gosse d'être votre complice. Demandez-lui de vous servir de chevalier servant pendant la soirée.

Puis laissez la mayonnaise prendre : s'il est normalement constitué, votre homme ne devrait pas accepter de voir entrer un autre coq dans sa basse-cour (non, vous n'avez rien d'un gallinacé, c'est une image !) et devrait mal supporter cet excès d'attention d'un autre. S'il vous le reproche, rétorquez-lui qu'il en fait de même et il devrait réviser ses attitudes.

Méthode cash

Allez saluer la conquête de votre Jules et prévenez-la aimablement au sujet de ses « petites pannes », il devrait adorer !

Les fausses excuses

- Il ne supporte pas les reproches.
- Il risque de se braquer.

C'est bien la raison pour laquelle vous ne devez pas l'attaquer de front et encore moins de façon agressive. Une scène de ménage n'aura pour effet que d'envenimer les choses et de le faire se refermer dans sa coquille. En revanche, vous ne devez pas lui laisser la bride autour du cou. Quelques remarques dites sans agressivité lui permettront de se savoir aimé et donc le flatteront. Si c'est un don Juan irrécupérable, les choses sont bien sûr différentes.

Votre copain/conjoint/mari/ concubin oublie votre anniversaire (entre autres)

« Tiens, mais quel jour sommes-nous ?

— Le 6 juin, pourquoi ?

— *Parce qu'il se trouve que c'est mon anniversaire ! »*

S'ensuit généralement un tonitruant « m... ! » ou un silence dépité.

Que celle d'entre nous qui n'a pas échangé ces quelques mots avec son conjoint au moins une fois dans sa vie nous jette la première pierre ! Malgré leur équipement high-tech constitué d'une armada de palm, téléphone-agenda et autres petites merveilles de l'électronique, ces messieurs parviennent toujours avec une redoutable aisance à oublier toutes les dates qui vous concernent.

À croire que, pour un homme, les dates ne représentent rien.

LE BON CÔTÉ !

En oubliant votre anniversaire, il ne vous voit pas vieillir et vous non plus finalement ! Au-delà de trente ans, bannissez cette fête détestable et bloquez le compteur, c'est bien suffisant.

LE TOP 5 DES CONTRARIÉTÉS

1. **Il confond votre date de mariage avec celle de ses parents.**
2. **Il croit qu'un anniversaire se fête tous les trois ans.**
3. **Il ne se souvient que du jour de naissance de votre fils aîné. Or vous avez trois enfants.**
4. **Il se vexe quand vous oubliez en quelle année il s'est fracturé le tibia au ski.**
5. **Il prétend que votre prénom ne figure pas dans le calendrier et qu'à ce titre il n'est pas utile de vous souhaiter une bonne fête.**

Travail sur soi

Les oublis à répétition de votre Jules vous exaspèrent ? Mettez un peu d'eau dans votre vin et soyez constructive.

- Tout d'abord, apprenez à relativiser : votre anniversaire est une date importante à vos yeux, tout comme l'est le jour de votre première rencontre, mais l'essentiel n'est-il pas qu'il soit attentif et délicat tous les jours plutôt que deux à trois fois par an ?

- Vous n'êtes pas la dernière à vous esclaffer quand vous entendez vos collègues planifier leur Saint-Valentin, alors regardez la situation en face : votre homme n'a certes pas un agenda à la place du cœur, mais il a toujours été là lors des coups durs.

Passez à l'action !

Méthode douce

- Accrochez négligemment un calendrier dans la cuisine avec certaines dates passées au marqueur rouge saignant, puis attendez une éventuelle réaction...
- Faites-vous aider par une copine. Elle pourra toujours lui passer un petit coup de fil la veille du grand jour, sans vendre la mèche de votre manœuvre, bien sûr.
- Aucun signe de vie ? Laissez tomber et rongez votre frein en silence. Il sera toujours temps d'oublier à votre tour...

Méthode machiavélique

Il préfère l'improvisation aux gestes à date fixe ? Prenez-le au mot et adoptez la même attitude. Désormais, vous aurez la mémoire qui flanche, en ce qui le concerne lui et les membres de sa famille, mais surtout pas en ce qui concerne les anniversaires et fêtes de vos amis et de vos parents !

Méthode cash

Aux grands maux les grands remèdes ! Il ne vous souhaite jamais votre anniversaire ? Embarquez votre ami Julien, celui que Jules déteste officiellement parce qu'il est sans-gêne, mais surtout parce qu'il est trop mignon, revêtez votre robe la plus glamour (et donc indécente quand il n'est pas avec vous) et fêtez-le vous-même !

Exercices pratiques

Entraînez-vous à oublier les dates. Pour éviter de faire une fixation sur le calendrier et donc sur les anniversaires oubliés, soyez une adepte de l'improvisation. Offrez-lui des fleurs de temps en temps (eh oui ! les hommes aussi sont sensibles aux roses, même s'ils préfèrent souvent un panier gourmand). Organisez-lui des non-anniversaires comme dans *Alice au Pays des merveilles*. Faites de chaque jour une fête.

Pire que tout : votre copain/ conjoint/mari/concubin est parfait et vous complexe à mort

Votre meilleur ami ne lève jamais le petit doigt pour aider sa femme quand elle entre dans une pièce les bras chargés de paquets. Votre frère n'arrive jamais à l'heure au resto. Quant à votre père, il refuse d'intervenir dès lors que l'orage gronde et qu'un conflit se profile à l'horizon... sans parler de votre neveu qui laisse une mare d'eau dans la salle de bains après chaque passage.

Les hommes et leurs petits défauts... C'est aussi pour ça qu'on les aime, non ? Seulement voilà... Votre homme n'a aucun défaut, c'est bien ça le problème ! C'est une plaisanterie ?

Les indices

- Il ne vous laisse jamais porter les valises.
- Il remarque toujours quand vous revenez de chez le coiffeur, ne vous interroge jamais sur votre poids qui, comme chacun sait, est classé « top secret ».
- Il sait ce que le mot « prélavage » veut dire.

Le travail sur soi

- Bon d'accord, il est (presque) parfait, et alors ? C'est justement ça le problème, car vous, vous êtes loin de l'être ! Résultat, vous ne supportez plus d'entendre votre entourage chanter ses louanges et votre amour-propre est aussi gaillard qu'un parapluie un jour de grand vent.
- Vous ne pouvez pas vous empêcher de vous comparer à lui : il est mince et vous vous trouvez trop enrobée, il brille en société quand vous préférez les petits comités, et il fait preuve d'une générosité sans égale alors que vous vous en voulez encore d'avoir trouvé une excuse minable pour ne pas assister au mariage de votre cousine Sonia. Certes, vous ne vous sentez pas à la hauteur, mais avez-vous vraiment besoin de tenter de rivaliser ? Ce n'est pas d'un championnat dont il s'agit, mais bel et bien d'une belle histoire d'amour que vous risquez de compromettre à force de la juger bancale.

LE BON CÔTÉ !

Ses petits défauts vous rassureront au lieu de vous saper le moral !

Passez à l'action !

Méthode douce

Tout le monde l'adore ! Et vous la première ! Si vous en profitiez au lieu de vous plaindre ?

- Faites des compliments à votre cher et tendre, par exemple. La première vertu du compliment est qu'il vous habitue à avoir une vision plus positive du monde. Faire un compliment à quelqu'un, c'est lui montrer que vous vous intéressez à lui, mais c'est aussi lui donner envie de vous complimenter en retour et lui donner une image de vous plus flatteuse.
- La technique peut s'appliquer à vous-même : soyez fière de vos réussites, sachez apprécier ce que vous faites de bien et offrez-vous des compliments et des cadeaux. C'est peut-être même d'abord par vous qu'il faut commencer.

Méthode machiavélique

Révélez à des amies bien intentionnées, mais un peu bavardes, quelques épisodes insignifiants, mais amusants, concernant votre homme. Comme le jour où il a coincé sa chemise dans sa braguette et qu'il en a fait profiter tout son comité de direction, ou celui où, enfant, il a tenté de se lancer dans le commerce de cierges. Sans parler de son solo de guitare en colo qui a fait se plier de rire une assemblée entière. Chute de piédestal garantie !

Vous prenez seulement le risque de voir étaler vos petits secrets et autres gros mensonges en guise de représailles... Prête à prendre le risque ?

Méthode cash

Abusez de son statut d'être parfait en lui en demandant toujours plus. La perfection n'étant pas de ce monde, il risque d'arriver à saturation un jour ou l'autre et de faire preuve, enfin, d'un peu d'humanité et, pourquoi pas, de méchanceté ? Yesssssss !

10 PETITS TRUCS POUR FAIRE FACE LORSQUE L'HOMME DE VOTRE VIE USE ET ABUSE

1. Prenez le taureau par les cornes

Au lieu de vous plaindre de l'égoïsme ou du manque d'attention de votre mari, essayez de communiquer avec lui.

2. Sortez de l'ordinaire

Redécouvrez-vous au cours d'un dîner romantique aux chandelles, sans les enfants – que la tante Marie s'est proposée de garder –, comme au bon vieux temps !

3. Intéressez-vous à ce qui l'intéresse...

... même si c'est un match de foot. N'aimeriez-vous pas, vous, qu'il vienne voir une expo ou qu'il vous accompagne dans les boutiques ?

4. Faites-vous une raison

L'homme de votre vie n'est pas – et ne sera certainement jamais – une fée du logis (sauf si vous avez trouvé « la » perle rare !). Ce n'est plus la peine de vous évertuer à changer cet aspect de sa personnalité.

5. Rusez

Si, malgré tout, votre résolution de l'année est bien de le transformer, vous devrez être imaginative et trouver des petites ruses.

6. Maîtrisez vos émotions...

Évitez de sauter à la gorge de votre Jules dès qu'une jeune – et jolie – femme se retourne sur lui. À moins qu'il se soit retourné le premier, soyez simplement flattée de la jalousie que vous avez provoquée chez elle.

7. ... ou imitez-le

Qu'y a-t-il de pire pour votre cher et tendre que de voir son orgueil touché ? Affichez-vous au bras d'un beau brun ténébreux, il devrait réagir !

8. Improvisez

Faites de chaque jour qui passe une fête. Au diable les dates d'anniversaire et de Saint-Valentin !

9. Arrêtez les comparaisons

Vous ne lui trouvez pas de défauts, mais à vous, plein ? Qui s'en soucie ? Profitez simplement de l'équilibre qu'il apporte à votre merveilleux couple.

10. Abusez...

... de sa perfection !

chapitre 6

Comment survivre à la maternité

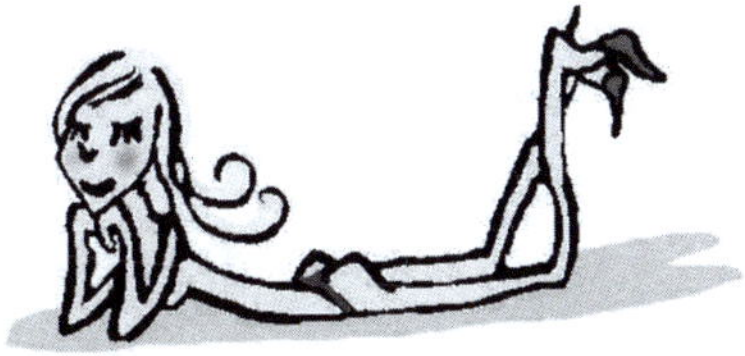

Et si vous cessiez de culpabiliser ?

Toutes vos copines vous l'avaient répété à vous en user les tympans : « *Tout changera quand tu seras maman.* » À force de rengaines, vous étiez convaincue que vous ne seriez une femme vraiment accomplie que le jour où vous auriez franchi les portes de la maternité les bras chargés d'un petit paquet affamé de lait et de tendresse. À vous la joie des promenades en poussette à l'ombre des platanes, à vous les matins câlins ponctués de tétées, à vous la douceur d'une peau de bébé massée à l'huile d'amande douce... C'était décidé ! Vous aussi, vous alliez donner la vie et pouvoir parler comme les autres avec des trémolos dans la voix et des petites fleurs plein la bouche...

QUE NENNI !

Vous avez effectivement été enceinte et vous avez connu le cortège de joies (et d'aspects nettement plus pénibles que nous aurons la décence de passer sous silence) qui accompagnent la grossesse. Vous avez acheté de la layette et décoré la chambre du petit ange tant désiré. Vous avez accouché, bon... Et finalement, vous ne vous êtes pas sentie tellement différente de la veille, si ce n'est que désormais votre vie est liée à celle d'un petit monstre avide d'amour et d'attention, et surtout furieusement exclusif !

En fait de promenades, vous n'avez pour l'instant connu que les courses fiévreuses, équipée du sac kangourou au milieu de montagnes de couches et de rangées de crèmes pour le change.

En revanche, vous avez bien expérimenté les câlins tandis que petit chéri régurgitait sur votre T-shirt déjà maculé des montées de lait... Bien sûr, vous avez apprécié chacun de ces moments, mais ce n'est pas exactement comme ça que vous aviez envisagé les choses.

Votre tyran domestique est né ! Il est bel et bien là, et maintenant il va falloir lutter bec et ongles pour conserver un semblant d'autonomie et de liberté.

Pas facile pour une paresseuse patentée comme vous... Pfff, faites des enfants, c'est le plus beau métier du monde, qu'ils disaient...

Le premier ennemi de la mère ? La culpabilité. Alors, ont-il réussi à vous anéantir ?

Vos enfants ont-ils pris le dessus sur vous ?

1. Vous devez aller travailler et laisser votre enfant chez la nourrice ou tard le soir à la garderie.

a) Vous partez le ventre noué, une boule dans la gorge en vous promettant de trouver un job plus en harmonie avec votre vie de famille, tant pis pour votre carrière, l'amour maternel exige des sacrifices... 3

b) Vous usez de toutes les ruses sioux pour filer à l'anglaise, quitte à travailler jusqu'à minuit pour rattraper votre déplorable retard... Pourvu que votre patron ne s'aperçoive pas de la note de téléphone à la nourrice ! 2

c) Vous allez négocier des horaires adaptables avec votre patron. 1

2. Il mord ses petits camarades en classe.

a) Vous êtes convaincue d'être responsable. Vous n'avez certainement pas su faire ce qu'il fallait. Vous consolez votre pauvre petit et filez chez le psy battre votre coulpe. 3

b) Vous consultez sa maîtresse et vous grondez l'affreux jojo. 1

c) Vous vous confondez en excuses auprès des parents des enfants mordus, mais vous ne pouvez pas croire que ceux-ci ne l'ont quand même pas un peu cherché... 2

3. Il a des tas de devoirs à faire et rechigne à s'y mettre.

a) Vous lui proposez de l'aider. 1

b) Et si vous vous y mettiez tous les deux ? Même si vous savez pertinemment que vous les terminez toujours seule. 2

c) S'il a du mal, c'est peut-être parce que vous-même étiez une élève médiocre ? S'il échoue, vous en porterez la responsabilité ! 3

4. *« Quand je serai grande, je m'occuperai de mes enfants, moi ! »* vous assène votre chère petite chérie.

a) Vous vous effondrez en larmes, prenez rendez-vous chez votre psy et donnez votre démission à votre patron (ou l'inverse, vous ne savez plus très bien ou vous en êtes !). 3

b) Vous tentez de lui expliquer que le travail, le bureau, la maison, c'est la vie, quoi ! Mais finalement, vous ne parvenez pas à vous convaincre vous-même... 2

c) Comme elle a raison et combien elle déchantera à son tour ! L'idéal, c'est finalement d'être retraitée pour pouvoir faire des enfants ! 1

5. Il veut la dernière console top branchouille.

a) Vous la lui achetez, comme tout ce qu'il vous demande. Vous avez quitté son père, alors il est déjà suffisamment perturbé par votre faute, ce n'est pas la peine de le contrarier en plus. 3

b) Vous lui expliquez que vous n'avez plus d'argent ce mois-ci, mais que vous pourrez sans doute revoir sa « commande » dans une petite quinzaine. 2

c) C'est en apprenant que la frustration existe qu'on grandit. Peut-être que le Père Noël, dans sa grande bienveillance, pourra étudier favorablement le dossier... 1

RÉSULTATS

- **Vous avez une majorité de 1.**

Match nul entre vos enfants et vous ! Ils remportent parfois la palme haut la main, mais vous faites vaillamment face à leurs exigences. Bravo !

- **Vous avez une majorité de 2.**

Vous oscillez entre désir de liberté et amour fusionnel, vous complexez et ne parvenez pas vraiment à faire la part des choses. Attention ! Vos petits fauves vont bientôt vous dévorer !

- **Vous avez une majorité de 3.**

Il y a longtemps que vous avez troqué (au moins moralement) votre tailleur pantalon pour un tablier de cuisine. Vous êtes un vrai parangon du dévouement maternel. On l'écrira sur votre sépulture lorsque vos petits chéris auront quitté le nid...

Aimer ses enfants ne signifie pas se laisser boulotter la rate toute la journée ! Certes, vous devez veiller au bien-être de votre progéniture, mais ce n'est pas une raison pour culpabiliser à l'idée de simplement continuer à vivre. Organisez-vous, mais ne renoncez pas !

Les nourrissons pleurent

Dans la version idéalisée de la maternité, la maman épanouie et reposée s'occupe de son bébé souriant sans discontinuer. Elle le nourrit, le change, lui parle, le promène et se repose lorsqu'il dort. Voilà pour la carte postale, maintenant parlons de la réalité.

Bébé pleure... tout le temps ou presque ! Vous passez votre temps entre les courses, le biberon – ou le sein – et les couches. Votre bébé vous réveille quatre fois par nuit et vous êtes épuisée. Ce ne serait rien si vous ne subissiez pas les conseils de votre famille et de vos amis prompts à s'étonner de vos difficultés et de votre malaise... Vous qui avez tout pour être heureuse.

Or, il faut avouer que malgré votre dévouement maternel absolu, ce lardon grognon et ingrat commence vraiment à vous plomber le moral.

Rien de plus stressant que les hurlements hoquetés d'un bébé !

C'est par ces pleurs qui mettent les mères au supplice que commence à s'installer la culpabilité.

Le travail sur soi

- Commencez à passer en revue les causes sur lesquelles vous pouvez agir : il a faim, il a mal au ventre, il doit être changé.
- S'il continue à pleurer et qu'il n'a ni fièvre, ni aucun symptôme pouvant suggérer un malaise physique... il s'ennuie. Ce besoin de distraction commence très tôt, dès les premiers mois, et va croissant et embellissant jusqu'au célèbre : *« Mamaaaaaan j'm'eeennnuuuuuuuiiie ! »*

Passez à l'action !

Méthode douce

Chantez-lui une chanson, faites-lui un spectacle de marionnettes en enfilant des chaussettes sur vos mains, faites plusieurs fois le tour du pâté de maison en voiture, donnez-lui des magazines à déchirer... Toutes les méthodes sont bonnes pour le faire taire du moment qu'il ne s'agit ni de somnifères, ni de coups de Bottin sur la tête !

Méthode cash

Après vous être assurée que sa vie n'était pas en danger, collez-le dans sa chambre, enfoncez des boules de cire dans vos oreilles et laissez-le brailler.

Exercices pratiques

Habituez-vous progressivement à quitter bébé en le confiant à une sœur/amie/mère/même belle-mère (eh oui !). Commencez par des petites courses, puis prenez rendez-vous chez le coiffeur, octroyez-vous un ciné et enfin un après-midi shopping.

Maman au boulot

Que vous apparteniez à la catégorie des mères qui rallongent au maximum leur congé maternité ou de celles qui piaffent d'impatience à l'idée de retrouver une vie sociale, la séparation d'avec votre progéniture n'est jamais indolore.

Tiraillée entre vos responsabilités professionnelles et votre petit bout qui braille, vous culpabilisez à mort.

Vous craignez d'une part que votre cher patron – que Dieu l'ait en Sa sainte garde – vous mette au placard puisque vous ne pouvez désormais rivaliser, du point de vue des horaires, avec la petite nouvelle aux dents longues qui clame haut et fort qu'elle n'a nullement l'intention d'avoir des enfants.

D'autre part, à la crèche vous souffrez du regard pesant que certaines mères, et parfois l'éducatrice – que Dieu l'ait en Sa sainte garde itou –, vous réservent en regrettant amèrement que vous préfériez votre carrière au rôle naturel qui vous est dévolu : celui de mère de famille.

STOP !

Travail sur soi

Et d'ailleurs, pourquoi travailler ? Puisque vous êtes naturellement une indécrottable paresseuse, vous devez avoir une bonne raison pour vous astreindre à ce rythme infernal et quotidien, alors que votre petit bout ne va pas encore à l'école. Faites le point sur vos motivations.

Vous avez besoin d'argent

Oh ? Vous n'avez donc pas réussi à mettre la main sur un richissime héritier et vous-même n'êtes pas une cadette de famille cousue d'or. Alors vous n'avez pas le choix, à moins que le rapport frais de garde/salaire joue en la défaveur de ce dernier.

Vous avez envie de pouvoir offrir de belles vacances à votre petite famille sans passer toute l'année à manger des pâtes

L'argument est également valable. Seriez-vous prête à sacrifier ces quelques jours au soleil pour profiter plus longtemps de la prime jeunesse de vos enfants ?

Vous aimez votre travail...

Les choses se corsent ! Vous serez sans doute taxée d'épouvantable égoïste, tandis que vous partirez travailler le cœur serré en laissant votre enfant aux mains de sa nounou. Au travail, vous risquez de perdre la considération de votre patron si vous demandez des horaires aménagés, et celle de vos collègues s'ils vous entendent appeler dix fois par jour la nourrice pour savoir si votre bouchon n'a plus cette terrible colique...

Quelle que soit votre réponse, il n'y a pas de solution miracle. Tout au plus des aménagements possibles. Mais dans tous les cas, votre bébé préférera toujours avoir une maman épanouie qui travaille plutôt qu'une maman présente nerveuse et dépressive. Cela étant posé, le départ est toujours aussi dur, mais pour vous motiver, dites-vous bien qu'une fois le nez dehors... c'est bon d'être libre, de charger la photocopieuse plutôt que les courses, de changer les cartouches de l'imprimante plutôt que des couches, de pouvoir prononcer de vrais mots plutôt que des « agagaboubou », attendrissants certes, mais limités du point de vue de l'échange...

Et puis, aussi maternelle que vous soyez, il est indispensable de savoir passer un peu le flambeau, pour vous comme pour lui, y compris si vous restez à la maison ! Ce sont les douloureuses prémices de l'autonomie...

BON À SAVOIR

- **Votre enfant sait combien vous l'aimez.**
- **Les enfants qui hurlent s'arrêtent dans les cinq minutes qui suivent le départ de leur mère.**
- **À votre retour, ils vous accueillent parfois avec un silence glacial... C'est le prix de votre haute trahison !**

Passez à l'action !

Voici quelques méthodes utilisées par différentes mères pour partir au bureau le moins douloureusement possible.

Méthode douce

Expliquez à votre enfant que vous devez partir, mais que vous allez vite revenir. Certes, il ne parle pas, mais il est réceptif au ton de votre voix. Veillez à être rassurante, posée et surtout ferme. Pas de larmes, des sourires et, surtout, ne traînez pas !

Méthode sournoise

Partez lorsqu'il regarde ailleurs. Efficace les premiers mois, cette méthode présente néanmoins un grave défaut : votre enfant risque de redouter de ne plus vous avoir dans son champ de vision puisque vous avez une fâcheuse tendance à disparaître !

Méthode cash

Un rapide baiser sur le front et... filez !

LE BON CÔTÉ !

Chaque minute passée hors de chez vous vous rapproche de l'heure du retour.

Bureau maison

C'est *a priori* la solution la plus adaptée, à condition de vous organiser. Car si vous aviez rêvé de travailler à côté de votre enfant qui dormirait gentiment, de pointer des kilomètres de comptes ou d'écrire de fabuleux rapports, vous vous mettez le stylo dans l'œil jusqu'au coude !

L'écueil essentiel de ce système repose dans la difficulté d'instaurer des limites efficaces entre la vie familiale, avec ses joies (les câlins, les histoires...) et ses corvées (les courses, le ménage, les couches à changer...), et votre travail (l'essentiel de votre temps).

Sans délimitation solide, vous risquez fort de tout bâcler, de vous énerver, de redouter le réveil de la sieste et de boucler le dossier Mouchabœuf à 3 heures du matin.

Travail sur soi

Si vous êtes partante pour cette solution de télétravail et que votre patron vous suit – le saint homme –, posez immédiatement vos conditions à votre famille.

- Ce n'est pas parce que vous travaillez à la maison que vous êtes une femme au foyer.
- À ce titre, vos horaires de travail doivent être fixés à l'avance : libre à vous de les aménager comme bon vous semble, mais il est essentiel que chacun les garde en tête, à commencer par vous-même. Pas de grasse mat', même pour les paresseuses !
- Dans la mesure du possible, octroyez-vous un bureau isolé. C'est extrêmement difficile de rester concentrée au son de Mimi la souris !
- Faites-vous aider avec une nounou à domicile, une baby-sitter et, si possible, une femme de ménage. Si vous ne pouvez garder tout ce petit monde à la maison, jonglez avec la crèche à mi-temps et une baby-sitter l'après-midi, par exemple. À moins qu'une grand-mère compatissante accepte de prendre en charge le bambin...
- Le soir venu, fermez votre bureau et soyez à 100 % avec eux.

Une fois le plan de bataille en place, ne vous laissez pas déborder, ni par les amies qui ne travaillent pas, ni par la nounou, ni par votre mari, ni bien sûr par vos enfants.

Passez à l'action !

Méthode douce

Donnez votre emploi du temps à chacun afin qu'il soit respecté autant que possible et faites confiance à la nounou. Vous pourrez ainsi vous accorder, de temps en temps, quelques récréations avec votre bébé avant de vous replonger studieusement dans votre dur labeur.

Méthode cash

Enfermez-vous à double tour dans votre bureau et soyez sèche avec tous ceux qui tentent de vous soustraire à votre devoir !

Exercices pratiques

Être rigoureuse ne signifie pas se priver de tout. Accordez-vous de temps en temps des moments rien que pour vous. Coiffeur, resto, ciné pourquoi pas... Le tout sans (trop) culpabiliser.

Les enfants vont à l'école

Jusque-là, rien que de très normal. Vous-même avez usé vos fonds de culotte sur les bancs de l'école. Vous vous en souvenez très bien, c'était hier ! Tout au plus avant-hier ! Mais vous n'aviez pas encore pu apprécier toute la dimension usante et culpabilisante de l'école...

Si vos chers petits se contentaient d'aller à l'école sans rechigner, d'y travailler juste ce qu'il faut, sans se battre, ni se faire persécuter, et de rentrer gentiment à la maison, tout irait bien. Balayez ce rêve, cela ne se passe jamais comme ça ! Ou si rarement... Et ne vous laissez pas abattre !

Une fois la journée de travail finie, elle ne l'est pas ! Il reste les devoirs. Des gribouillis illisibles recouvrent les pages du cahier de texte de votre petit chou. Toutes les matières y passent : mathématiques, français, histoire, lecture, poésie... Une véritable encyclopédie du savoir aurait dû vous être fournie au moment de son inscription au CP ! À défaut, il va falloir assurer pour ne pas décevoir le cher ange qui compte sur sa maman « Qui-sait-tout ». Y'en a marre d'être parfaite !

Travail sur soi

- Aider ne veut pas dire se substituer ! Vous n'êtes plus à l'école.
- Vous avez le droit de ne pas savoir, justement ! L'essentiel est de savoir où chercher. Apprenez-lui à utiliser un dictionnaire et à lire une table des matières, ce sera essentiel.
- Si c'est trop dur, ou si, tout simplement, vous ignorez de quoi il est question – *« c'est quoi ces histoires de cuesta ? ? ? »* –, dites-le. S'il va à l'école, c'est parce que vous n'êtes pas prof, et si les profs font des études de prof, c'est parce qu'on ne peut pas s'improviser prof ! CQFD !

Passez à l'action !

Méthode douce

Ne remettez pas les devoirs à plus tard : « Plus vite commencés, plus vite finis ! »

Méthode sournoise à déconseiller vivement !

« Si tu ne fais pas tes devoirs, tu finiras comme papa ! »

Méthode cash

« Tu veux une calotte ? »

Exercices pratiques

Apprenez les conjugaisons et les tables de multiplication sur le chemin de l'école. Ça rentre mieux en alternant et en se renvoyant la balle. 6 x 7 ?

Convocation chez la maîtresse

Il a mordu l'oreille du pion, fait pipi debout sur une chaise dans la classe, ouvert la cage des souris blanches ou entonné la « p'tite Huguette » à tue-tête dans la cour... Votre enfant ne manque ni de talent ni d'imagination. Mais l'espace scolaire n'est pas propice à de type d'activité et vous voilà convoquée par la maîtresse.

Travail sur soi

- Inutile de raconter à votre petit chéri que vos parents étaient eux-mêmes convoqués toutes les semaines ! Vous êtes un exemple pour lui, et il serait capable de faire n'importe quoi pour vous ressembler !
- Inutile aussi d'accuser le système ou votre propre incapacité à en faire un élève équilibré. La visite chez le psy n'est sans doute pas indispensable.

Passez à l'action !

Méthode douce

- Face à la maîtresse, au directeur ou à n'importe quel représentant du corps enseignant, soyez attentive et polie, posez des questions si nécessaire et affirmez que vous allez prendre en charge le problème. Ensuite, faites-le !
- À la maison, respirez un grand coup pour expliquer le plus calmement possible à votre enfant que ce qu'il a fait n'est pas bien, et présentez vos

arguments. Il y a fort à parier qu'il est déjà au courant de tout cela, mais soyez bonne joueuse, donnez-lui une chance !

Expliquez-lui ensuite que toute mauvaise action à venir, faite délibérément, donnera lieu à une sanction. Aujourd'hui vous passez l'éponge (ou non d'ailleurs, c'est à vous de voir, selon la gravité de la « bêtise »), mais à la prochaine incartade il sera puni.

LES SANCTIONS

Dans le vaste champ des sanctions, choisissez plutôt une privation comme celle de la télévision ou de l'ordinateur. Évitez de supprimer les activités sportives, il y en a déjà si peu !
Cette méthode n'est valable que si vous annoncez le programme, que vous le justifiez et que vous vous y tenez !

Méthode sournoise

Jetez une boule puante en sortant du bureau de la directrice. De retour à la maison, apprenez à votre petit chéri à confectionner des bombes à eau.

Méthode cash

Si votre cher ange récidive : sanctionnez-le ! C'est en vous montrant ferme dès à présent que vous limiterez les risques de comportements insolents ou la violence au collège.

KIT DE SURVIE DES ANNIVERSAIRES

Une seule solution pour éviter que des petits monstres mettent à sac votre appartement : déléguez !
Les enseignes de restauration rapide ont depuis longtemps trouvé le filon et proposent des anniversaires « clé en main », tout comme certains parcs d'attraction, des musées et autres lieux insolites. Vous pouvez également faire appel à de vrais animateurs. De nombreuses sociétés spécialisées dans les spectacles enfantins proposent leurs services aux parents débordés.

Les chers petits s'ennuient

« Môôôôômaaaaaaaaaaannnnn ! Chais pas quoi faire ! » La plainte de l'enfant qui s'ennuie est facile à reconnaître, c'est un long hululement qui peut être suivi d'une longue modulation chevrotante, le tout avec une puissance sonore qu'envierait un commandant de cavalerie.

Cette plainte est généralement suivie par une déplorable tentative maternelle du genre : *« Prends un livre ou fais un dessin »*, qui donne invariablement lieu à un *« Nôôôn, j'ai pô envie, j'm'ennuiiiiiiie »*.

Le message est clair, il faut que vous quittiez vos dossiers/votre bouquin/-votre bain moussant pour vous mettre à la disposition de votre tyran. Et si c'était un peu votre tour pour une fois ?

Le travail sur soi

- Vous l'aimez, c'est fou ce que vous l'aimez, c'est votre petit « mignonchéri », mais vous avez aussi besoin qu'il vous laisse tranquille de temps en temps quelques heures : c'est légitime, mais rarement possible. Admettez-le.
- C'est aussi absolument nécessaire de partager des moments complices avec lui, et reconnaissez que le voir si heureux vous comble de bonheur.
- Ne vous leurrez pas, vous ne pourrez pas vaquer à vos occupations avec votre enfant. Sous prétexte de bonne conscience – *« je suis une maman formidable puisque je suis avec mon enfant »* –, vous risquez de vous énerver, de le gronder à tort et à travers et de passer tous les deux une journée aussi improductive que désagréable.

Ces exigences contradictoires étant posées, il reste à faire la part des choses pour éviter de se mettre la rate au court-bouillon.

Passez à l'action !

Méthode douce

Si vous travaillez à la maison ou que vous n'avez pas le temps de vous occuper de lui dans la journée, pensez au centre aéré, à la nounou, à la grand-mère. Faites vos corvées et accordez-lui tout votre temps à son retour. Vous allégerez votre conscience et votre emploi du temps !

Méthode sournoise

Vous avez du temps aujourd'hui ? Consacrez-le à votre propre petite personne. Laissez votre bambin chez la nounou et filez chez l'esthéticienne après avoir jeté vos scrupules aux orties.

Méthode cash

Laissez tout tomber et occupez-vous de lui. Finalement, c'est quand même vraiment sympa d'être une maman !

Exercices pratiques

Essayez de vous accorder un jeu de société en famille chaque semaine ou une balade à vélo. Définissez des thèmes ensemble et des idées de sortie. Les préparatifs sont aussi exaltants que la réalisation !

Plus grands : ils ne fichent rien !

Ils ne débarrassent pas la table, ne rangent pas leur chambre, jettent leurs vêtements par terre, ne font plus leurs devoirs... bref, ils ne fichent rien. Bon, OK, ils ne se droguent pas... ou vous l'ignorez : c'est déjà pas si mal !

N'empêche que vous brûlez d'envie de leur rappeler que vous n'êtes pas leur bonne et qu'ils feraient bien de se prendre en main avant d'avoir votre pied au derrière !

Travail sur soi

Qu'est-ce qui a bien pu se passer ?

- Votre petit bouchon si mignon se transforme peu à peu en un affreux monstre boutonneux et prépubère. Certes, il n'est pas encore vraiment un ado, mais déjà il s'oppose à l'ordre établi... par vous !
- Vous avez lâché la bride ou au contraire trop serré le mors ? Peut-être rien de tout ça, mais le temps a passé et les rapports que vous aviez entretenus jusqu'alors ont changé. Il faut désormais reprendre les rênes en imaginant de nouvelles règles d'éducation.
- S'il a grandi, c'est que vous-même n'êtes plus aussi proche de l'adolescence que vous le croyiez. Allons donc ! Ne vous laissez pas aller à de si sombres pensées !
- Ne remettez pas en cause votre statut, ni votre rôle. Aussi imbuvable soit-il, votre préado a besoin de repères solides.

Les fausses excuses

- La crise d'adolescence est un passage obligatoire.
- Il risque de se braquer.
- Je ne veux pas perdre son amour.

Et puis quoi encore ? La crise d'adolescence est incontestablement une tempête qu'il faut essuyer en famille. Mais surtout pas le moment de poser la rame. Au contraire. Plus que jamais, votre grand a besoin d'être cadré pour ne pas perdre le nord. Il se braquera, bien sûr, mais vous ne perdrez pas son amour, même s'il vous le manifeste guère.

Passez à l'action !

Méthode douce

Jouez la carte de la diplomatie et souvenez-vous que vous trouviez vos parents profondément injustes ! C'est à votre tour d'être un bourreau... Essayez de le faire en douceur.

— Ne criez pas : pour être entendue, parlez bas, au contraire.

— Adressez-vous à lui en tant que personne responsable : expliquez-lui que la vie en communauté exige quelques règles pour le bien-être de chacun.

— Imposez-lui quelques missions simples comme mettre le couvert, par exemple. Ce sera sa participation à la vie de la famille.

— Rappelez-lui ses devoirs : faire les siens justement !

— Renoncez à ranger sa chambre : fermez la porte.

— Prenez votre mal en patience.

Méthode sournoise et dangereuse

Laissez-le faire, ne passez plus derrière lui, ne l'appelez plus pour manger. Bref, négligez-le comme il vous néglige.

Cette méthode, qui peut soulager un temps, risque de vous rendre très malheureuse et lui aussi. Il vous aime toujours, ce grand bêta !

Méthode cash

Au cachot ! Au pain sec et à l'eau !

BON À SAVOIR

Gardez le contact ! Contre vents et marées s'il le faut. Face à un visage fermé et malgré la moutarde qui vous monte au nez, dialoguez !

Les enfants sont amoureux

Il, ou elle, aime... et vous colle une claque morale ! L'oiseau envisage de quitter le nid, ou du moins s'y prépare, et vous avez de plus en plus l'impression de ressembler à votre mère.

Soyez zen et rappelez-vous votre premier amour. Vous souvenez-vous de sa violence, de son intensité et du désespoir qui suivait chaque séparation ?

Il est plus que temps de vous remémorer ces passages difficiles, car c'est au tour de votre cher petit de tester pour la première fois sa capacité à aimer et à se faire aimer en dehors de son fan club naturel qu'est sa famille ! On ne plaindra jamais assez les mères !

Les indices

- Il fait la tête... plus que d'habitude.
- Il reste deux fois plus longtemps pendu au téléphone (c'est possible, ça ?).
- Il ne mange plus...
- Et, dans certains cas, pleure toutes les larmes de son corps. Le drame !

Travail sur soi

- Il a grandi, ça fait un choc, respirez un bon coup !
- Ne jalousez pas ce nouvel attachement. C'est parce que vous lui aurez donné suffisamment confiance en lui, en sa capacité à aimer et à être aimé, qu'il réussira ce premier tour de force amoureux. C'est le drame des enfants rois qui risquent d'être déçus s'ils ne suscitent pas l'attachement inconditionnel qu'ils ont eu l'habitude de connaître chez leurs parents.
- Ne prenez pas ses primes amours à la légère. Peut-être avez-vous un peu oublié, vous qui êtes aujourd'hui cuirassée ! Baroudeuse du sentiment, vous n'êtes plus du genre à fondre devant une pâquerette, et pour vous emmener à Cythère, mieux vaut avoir quelques références.

Mais rappelez-vous, c'était hier ! Pour devenir cette femme épanouie, vous avez d'abord frotté votre cœur encore tendre à des lèvres égoïstes et pris l'habitude de vous armer avant d'aimer. Votre enfant débute... et sa fraîcheur le rend particulièrement vulnérable. Quand il souffre, il souffre vraiment !

- Ne confondez pas premières amours et sexualité. Une information sur la contraception est une chose, mais un amalgame systématique en est un autre.
- Ne soyez pas intrusive. Laissez-le vous confier ce qu'il souhaite. Il a le droit de préserver son intimité.
- S'il se confie à vous, soyez attentive, mais ne portez aucun jugement sous peine de voir votre jeune amoureux se refermer dans sa coquille !

Passez à l'action !

Méthode douce pour rencontrer l'élu(e)

- Soyez polie et souriante, mais surtout pas envahissante ! Si la rencontre a lieu, c'est dans les trois quarts des cas parce que votre enfant l'a bien voulu, donc discrétion oblige ! Ne cherchez pas à jouer les copains du même âge. Même si vous êtes extraordinairement « hype », vous restez un parent : donc une intruse !

- Évitez les questions, proposez un rafraîchissement et... éclipsez-vous !
- Surtout pas d'initiative ! Avant de proposer quoi que ce soit (déjeuner, promenade...), parlez-en à votre enfant d'abord !

Méthode sournoise – brouille garantie

- Restez là et discutez avec l'élu(e).
- Interpellez votre enfant par son surnom tendre : *« Elle est drôlement mignonne ta copine mon grand canard ! »* ou : *« Dis donc, ma poussinette, tu ne crois pas que ton copain a soif ? »*
- Racontez quelques anecdotes embarrassantes, comme la fois où votre petit(e) chéri(e) avait fait pipi dans sa culotte en pleine rue.

Méthode cash

Évitez la rencontre !

BON À SAVOIR

Votre enfant pense certainement que vous êtes déconnectée et que ce que vous avez vécu ne peut en aucun cas être comparé avec ce qu'il vit. D'une certaine façon c'est vrai, puisque chaque expérience est unique.

N'en prenez pas ombrage. Soyez présente, dites-lui que vous serez toujours là pour l'écouter et l'aider s'il le souhaite et encouragez-le à se confier à ses amis.

Exercices pratiques

Habituez-vous dès son plus jeune âge à recevoir les copains de votre enfant à la maison. Vous n'aurez ainsi aucun mal à vous tenir au courant des expressions fleuries qui ponctuent le langage de cette jeunesse vibrionnante, ainsi que de leurs us et coutumes vestimentaires. Vous n'aurez pas l'air d'arriver tout droit de la planète Mars quand l'élu(e) vous sera présenté(e).

Les enfants se permettent de vous juger... Non mais, c'est dingue !

Ils vous connaissent bien, les affreux, et passent leur temps à vous contrarier ! L'un va juger votre garde-robe ultraringarde ou au contraire trop branchouille *« pour ton âge »* (argh !), l'autre estime que votre goût pour les tomates mozzarella est tout simplement insupportable et que vous êtes définitivement *out* avec votre fâcheuse tendance à écouter Madonna et consorts.

Toutes vos petites habitudes qui semblaient sans importance jusqu'alors deviennent des pierres d'achoppement. Acceptez les coups... avec un relatif détachement (si possible) !

Les indices

- Il refuse de porter un vêtement si vous le lui demandez.
- Il enfonce ostensiblement les écouteurs de son lecteur mp3 dès qu'il est en votre présence.
- Il critique votre façon de conduire/vos amis/votre job, bref, tout ce qui se rapporte à vous.

Travail sur soi

Pendant des années, vous avez été un modèle pour votre adorable petit(e) chéri(e), le parangon de toutes les vertus, et vous voilà ramenée plus bas que terre par ce petit ange devenu un vrai démon. C'est du moins ce qui vous semble, mais, aussi pénible que cela puisse paraître, votre petit(e) chéri(e) vous aime toujours et a plus que jamais besoin de vous

- En s'opposant aussi maladroitement que systématiquement, votre enfant marque sa différence avec vous. Il estime qu'il est devenu suffisamment grand pour voir ses opinions prises en compte.
- Il est de mauvaise humeur car vous êtes ses parents ! Donc le miroir de sa condition d'enfant... insupportable pour quelqu'un qui voudrait converser d'égal à égal.
- En vous critiquant, il éprouve sa propre personnalité et rompt avec l'obéissance qui a toujours prévalu.
- C'est parce qu'il vous aime qu'il vous traite ainsi. Il vérifie qu'il peut compter sur un amour inconditionnel et, en même temps, il s'en veut terriblement de vous faire du mal.

OK, mais ce n'est pas une raison pour se laisser malmener sans rien dire !

BON À SAVOIR

Votre enfant chéri et ingrat paiera au centuple quand son tour d'être parent arrivera. Bien fait !

Passez à l'action !

Méthode douce

- Adoptez le calme du dompteur. Ne perdez pas votre sang-froid. Ne criez pas et maintenez le dialogue.
- Pendant toute cette phase de chrysalide, vous devez être ferme et rassurante pour lui prouver qu'il peut toujours compter sur vous.
- S'il vous critique, rappelez-lui que chacun est libre d'avoir son point de vue/ses goûts, et que vous-même ne vous mêlez pas de juger les siens. N'est-ce pas ?
- S'il est agressif, restez calme et demandez-lui de vous respecter. Ça fait un peu vieille France, mais ça fait du bien !
- Favorisez une autonomie petit à petit en faisant appel à son sens des responsabilités, plutôt qu'en lui imposant des règles.

Méthode sournoise

Œil pour œil, dent pour dent, critiquez-le. *« Tu t'es vu avec ta face de calculette ? »* Non seulement vous n'y arriverez pas – vous êtes tellement délicieuse –, mais en plus un jugement aussi gratuit et méchant venant de vous aggraverait son malaise.

Méthode cash

Sortez, avec ou sans Jules ! Vous aussi avez le droit de replonger un peu dans l'adolescence avec vos « vieilles » copines et de critiquer vos sales mômes ensemble.

10 PETITS TRUCS POUR SURVIVRE À LA MATERNITÉ

1. Affrontez la réalité

Effacez de votre mémoire tout ce que vos amies ont pu vous dire sur l'idéal de la maternité. La réalité est synonyme de couches sales, de pleurs, de préadolescence et de premières amours douloureuses.

2. Et vivez-la pleinement

Ce n'est pas parce que cette réalité ne correspond pas à vos attentes idéales qu'elle doit vous saper le moral. Vos enfants vous aiment, votre petite famille est merveilleuse. C'est le bonheur, non ?

3. Développez votre imagination

Les livres, les magazines, Internet, les copines, toutes les sources sont bonnes pour trouver des idées qui amuseront vos enfants et les sortiront de leur ennui.

4. Aménagez votre temps

Mettez-vous d'accord avec votre patron pour que vos horaires vous permettent de garder vos responsabilités professionnelles, mais aussi de passer plus de temps avec votre cher bambin.

5. Soyez rigoureuse

Vous avez certes choisi de travailler depuis chez vous, mais ce n'est pas une raison pour prendre le rôle de la nounou ou pour passer tout votre temps avec vos copines. Ne vous privez pas pour autant : un resto ou une petite sieste avec votre cher ange ne pourra pas vous faire de mal !

6. Ne vous laissez pas abattre

Les cartes de géographie et les conjugaisons vous semblent loin ? Vous ne vous sentez pas capable ? Pas de panique ! Apprenez à chercher les infos au bon endroit et reprenez les leçons en même temps que votre enfant.

7. Occupez-vous de vous...

... sans culpabiliser. Bien sûr, consacrez du temps précieux à vos petits, mais ne vous oubliez pas. Pour être pleinement épanouie, une petite dose d'égoïsme de temps en temps est nécessaire.

8. Accompagnez votre enfant dans l'adolescence

Ce n'est certainement pas le moment de le laisser tomber ! Même s'il vous en fait voir de toutes les couleurs, qu'il s'oppose à vous sans cesse et qu'il ne fait plus rien à la maison, il a besoin de vous pour passer ce cap difficile.

9. Restez discrète

Le jour où vous rencontrez l'amoureux(se) de votre enfant, laissez vos jugements et votre jalousie au placard et ne l'embarrassez pas. Surnoms, souvenirs de vacances et questions indiscrètes interdits !

10. Dialoguez

Quand la période des critiques vous tombera dessus, acceptez-la, mais ne vous laissez pas faire. Vous devez faire comprendre à votre cher petit, calmement, mais fermement, qu'il doit vous respecter, comme vous, vous le respectez.

chapitre 7

Comment couper le cordon (mais pas trop) ?

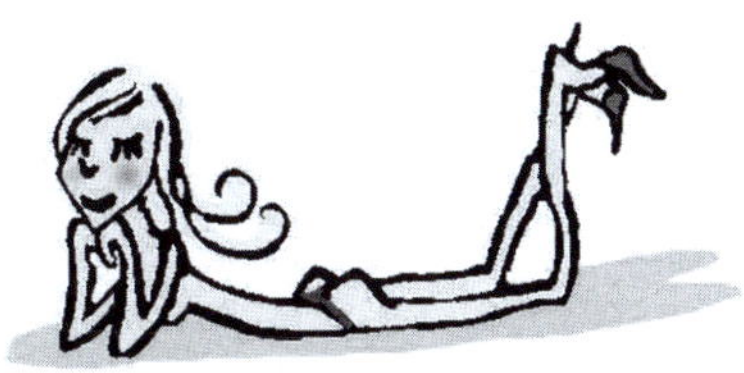

Et si vous grandissiez un peu ?

À 33 ans, vous n'êtes plus depuis longtemps la fille de... Quoique... Finalement, à bien y regarder, vous n'avez pas réussi à couper le cordon. Mais il faut dire que vos parents n'y ont pas mis du leur non plus ! Qu'ils soient intrusifs ou au contraire terriblement distants, les parents sont nos premiers modèles de référence. Impossible de faire table rase de cet héritage.

Alors comment trouver l'équilibre entre votre vie de paresseuse indépendante, épanouie, et votre statut immuable de petite fille ? Soyons clairs, c'est quasi impossible : tentez plutôt de faire ce que vous pouvez avec les parents que vous avez !

Où en sont vos relations avec vos parents ?

1. Quand avez-vous appelé votre mère pour la dernière fois ?

a) Il y a cinq minutes. 1
b) Il y a cinq jours. 2
c) Il y a cinq ans. 3

2. Votre père accepte-t-il votre conjoint ?

a) Oui, et il le considère comme son propre fils. 1
b) Oui, même s'ils n'ont rien en commun. 2
c) Non, car il ne le connaît même pas. 3

3. Qui occupe la place de « préféré » dans la fratrie ?

a) Personne, vos parents n'ont jamais fait la différence entre vous. 1
b) Votre frère, mais parce que c'est le seul homme. 2
c) Tous SAUF vous. 3

4. Votre mère juge-t-elle vos relations ?

a) Jamais, elle ne se permettrait pas. 1
b) Parfois, quand elle estime que certaines d'entre elles sont malsaines. 2
c) C'est son activité favorite. 3

5. Vos parents vous donnent-ils des conseils dans le domaine professionnel ?

a) Oui, régulièrement. 1
b) Oui, mais uniquement quand vous leur en demandez. 2
c) Jamais, ils sont bien trop occupés pour cela. 3

RÉSULTATS

- **Vous avez une majorité de 1.**

Vos parents sont presque vos meilleurs amis ! Attention cependant au risque d'étouffement !

- **Vous avez une majorité de 2.**

Vous entretenez des relations correctes avec vos parents, ni plus, ni moins.

- **Vous avez une majorité de 3.**

Un gouffre vous sépare. Reste à savoir si vous souhaitez le franchir !

Votre mère vous trouve parfaite

Vous êtes sa petite reine et rien n'est trop beau pour vous. Votre maman vous félicite pour un rien, vous trouve somptueuse (même avec dix kilos de trop), tente de jouer les marieuses dès qu'elle entend parler d'un beau parti et vous croit capable de devenir le prochain ministre des Finances...

Tant mieux ! Mais cet amour inconditionnel peut devenir pesant avec le temps. Pas question de décevoir une telle fan, et encore moins de la négliger.

Elle vit à travers vous et vous n'êtes pas loin de faire de même. Devenue votre meilleure amie, elle vit par procuration vos aventures et vous étouffe tant que vous avez du mal à échapper à ses points de vue, à ses avis et à ses coups de fil... Résultat, vous vivez dans l'ombre de votre mère.

Les indices

- Votre mère vous appelle encore *« Mon canard »*.
- Elle n'est pas loin de la syncope quand elle vous accompagne à l'aéroport.
- Elle ne comprend pas pourquoi vous ne vous êtes pas mariée avec votre ami d'enfance, Titi, devenu boucher collectionneur de coquillages.

Vous vivez une relation d'amour fusionnelle avec votre mère, mais elle vous a presque phagocytée.

Faites le bilan

- À force de vivre ce duo intime, vous avez bien du mal à faire la part entre les émotions/sentiments/points de vue qui vous sont propres et ceux que votre mère vous transmet. Vous ne parvenez plus à savoir ce que vous ressentez vraiment.
- Vos choix sont-ils vraiment les vôtres ? Votre mère passe son temps à dire qu'elle vous connaît par cœur – ce qui n'est d'ailleurs pas faux... – car c'est elle qui est à l'origine du miracle des miracles (votre naissance, pour celles qui n'auraient pas suivi !). Du coup, elle se croit habilitée à vous conseiller, voire à vous orienter, dès qu'elle en a l'occasion. Vous perdez donc le loisir de mener votre barque comme bon vous semble.
- Votre vie de couple a toutes les chances de se transformer en trio et donc de finir en échec.

Et pourtant, malgré ce désastreux bilan, vous êtes bien obligée de reconnaître que cette situation vous a convenu pendant de nombreuses années... D'autant qu'elle vous permettait de vous décharger de nombreux problèmes quotidiens. Mais aujourd'hui, vous n'en pouvez plus ! Vous souffrez à l'idée d'écarter votre mère de votre vie, mais c'est la condition *sine qua non* pour parvenir enfin à grandir.

Passez à l'action !

Méthode douce

- Décidez seule ! Mais ne vous opposez pas. Apprenez enfin à faire vos propres choix. Le sevrage de conseil n'est pas facile. Forcez-vous à ne pas la tenir au courant.
- Espacez les coups de fil et les visites. Si elle vous manifeste du dépit ou que vous-même ne supportez pas le manque, proposez-lui de remplacer la quantité par la qualité : fixez-vous des rendez-vous rien qu'à vous, entre filles.

Méthode machiavélique

Demandez un coup de main à votre père. Dites-lui de s'occuper un peu plus de votre mère. Depuis combien de temps n'ont-ils pas passé du temps ensemble ?

Méthode cash

Dites-lui : *« De l'air, maman ! »* en lui tendant un billet aller simple pour Lima.

BON À SAVOIR

La plupart des mères fusionnelles sont inconscientes du mal qu'elles font. Attention à ne pas reproduire la même chose avec votre propre fille. Un psychothérapeute pourra vous aider à vous séparer symboliquement de votre mère et facilitera l'assainissement de vos relations

Les fausses excuses

- Maman va être malheureuse.
- Je suis une fille indigne.

Avez-vous signé un contrat vous enjoignant de sacrifier votre vie pour le bien-être de votre mère ? Celle-ci serait-elle plus heureuse de vous savoir malheureuse mais dévouée à sa cause ? Certainement pas. Toute mère normalement constituée veut le bonheur de ses enfants. Par conséquent, elle comprendra très bien, à condition que vous soyez capable de lui expliquer les choses sans la blesser.

Votre mère vous critique : laissez tomber, vous ne pourrez rien changer

Vous en êtes certaine, votre mère est responsable de tous vos malheurs. D'ailleurs, lorsque parfois elle fait preuve d'amour à votre égard, il vous semble que c'est un accident. Au mieux, elle semble indifférente ; au pire, elle vous méprise. C'est bien simple : vous ne la supportez pas, de près ou de loin, et vous limitez vos rencontres aux anniversaires de vos enfants. Rassurez-vous, vous n'êtes pas un monstre d'égoïsme pour autant, car mère et fille forment un couple parfois explosif. Le principal est de parvenir à passer outre ces sautes d'humeur. Facile à dire...

Les indices

- Elle vous jette un regard de dégoût quand vous êtes en maillot de bain.
- Elle ne vous regarde pas quand vous lui parlez.
- Elle se demande encore comment elle a pu accoucher d'une fille aussi différente d'elle.

Votre mère, dites-vous ? Eh bien, il est temps qu'elle cesse de vous faire souffrir !

POURQUOI TANT DE HAINE ?

Le lien mère-fille est le plus difficile à dénouer. Semblables et différentes, les filles doivent absolument se différencier de leur mère pour s'épanouir en tant qu'individus. Cela ne va pas sans mal, tant l'attachement est profond.

La maman est le premier objet d'amour absolu de sa fille. En grandissant, le fameux complexe d'Œdipe qui place la petite fille en rivale de sa maman marque le début de la fission du noyau dur mère-fille.

L'adolescence est une deuxième étape. La hache de guerre est déterrée et le conflit permet alors à l'adolescente de grandir en opposition. Pendant quelques années, la guerre occupe les terrains de la parole, de l'habillement et des fréquentations avec plus ou moins de vigueur.

Puis les choses se tassent et la complicité redevient la règle. Ce sont alors deux femmes qui se retrouvent face à face. Tout se passe bien, sauf lorsque la mère prend conscience de son vieillissement et ne supporte pas la confrontation avec une rivale plus jeune. Rappelez-vous la méchante reine de Blanche-Neige refusant de ne plus être la plus belle. Méchante ? Pas vraiment. Malheureuse ? Certainement !

Mais ce n'est pas à vous d'en baver pour autant !

Passez à l'action !

Méthode douce

- Elle est méchante ? Soyez gentille. Répondez à chacune de ses vacheries par un énorme compliment : on n'attrape pas les mouches avec du vinaigre !
- Après tout, elle est surtout malheureuse. Il faut donc lui prouver que, même si elle n'occupe plus la même place affective dans votre vie, vous ne la rejetez pas pour autant. En effet, n'espérez pas retrouver un jour des relations saines avec votre mère si vous niez son existence.
- Essayez d'inventer de nouveaux modes d'échange : prévoyez des journées shopping ou papouilles en institut et papotez tant que vous le voulez et autant de fois que vous en avez l'occasion !
- Apprenez à faire la part des choses entre ce dont vous pouvez parler avec votre mère et ce qui est du ressort de votre sphère privée.

Méthode machiavélique mais très peu charitable

Votre mère est une vraie chipie qui rendrait folle de jalousie Alexis Carrington, égérie trop maquillée de *Dynasty* ? Soyez pire !

En clair, utilisez ses méthodes : critiquez ses nouveaux amants à tout va, oubliez-la le jour où elle a besoin d'un taxi pour la déposer à l'aéroport et, surtout, ne retenez pas ce demi-sourire dès qu'elle entre dans la pièce habillée comme Elton John à la grande époque... Après tout, vous êtes sa digne fille, non ?

Méthode cash

Chacune chez soi, les moutons seront bien gardés ! Vous n'avez pas besoin de rompre avec votre mère pour grandir ni d'être en concurrence avec elle : vous devez seulement clarifier au plus vite la place de chacune. Vous n'êtes pas obligée d'y mettre les formes étant donné le passif entre vous, l'important étant d'arriver à vos fins et de coexister sans vous écharper.

LE BON CÔTÉ !

Vous ferez des économies au moment de la fête des mères.

Votre père vous trouve parfaite : ne changez rien

Il vous répète sans cesse que vous êtes la plus belle, la plus intelligente, la plus talentueuse... Il chante vos louanges dès qu'il en a l'occasion et vous félicite quasiment tous les jours.

Lui, ce n'est pas votre chéri d'aujourd'hui, mais le premier homme de votre vie, votre père.

Les indices

- Il est toujours le premier à vous appeler après un entretien important.
- Il s'enthousiasme quand vous réussissez un créneau difficile.
- Il est le seul à vous avoir félicitée quand vous avez enfin compris le fonctionnement de la perceuse.

Il est peut-être un peu excessif, non ?

LA FILLE À PAPA

Enfant, une relation exclusive entre un père et sa fille n'a rien d'anormal. La mère est certes le premier amour de sa fille, mais dès les premières années d'école maternelle,

généralement autour de trois ans, c'est au tour du papa de devenir le héros de sa petite fille. La complicité atteint alors son paroxysme, puis intervient le fameux complexe d'Œdipe (encore lui !), et la petite fille comprend qu'elle ne sera jamais la femme de son papa. Elle doit alors se détacher de lui pour grandir.
Cet amour privilégié ne protège pas le père des bourrasques ultérieures. À l'adolescence, il n'est pas épargné ; tout comme la mère, il subit les sautes d'humeur de son adolescente et doit en plus faire face à son changement physique. Ce n'est plus une petite fille et il a parfois du mal à se situer dans une telle relation. En attendant, un schéma type de l'homme idéal s'est imposé depuis longtemps dans l'esprit de la jeune fille et il y a fort à parier pour que son hypothétique prince charmant ait de nombreux points communs avec le papa en question !
Pourtant, aussi ressemblant soit-il, le nouveau venu a toujours un peu de mal à s'imposer auprès du papa de la princesse en question.
À force de persévérance, une nouvelle architecture familiale se dessine.
Mais lorsque papa reste le seul homme référent et qu'il s'impose à tout bout de champ avec une régularité de métronome, il est nécessaire de mettre le holà.

Passez à l'action !

Méthode douce

- Rassurez-le, il restera toujours votre papa bien-aimé. De votre côté, cessez de comparer tous les hommes à votre père. Apprenez à les aimer pour ce qu'ils sont.
- Dites à votre père combien tous ses conseils vous sont précieux et... faites comme bon vous semble.
- Si vous avez des enfants, incitez-le à prendre ce rôle de guide qu'il affectionne. Vous le verrez reprendre du poil de la bête auprès de ses petits-enfants, d'autant que les grands-parents n'ont jamais été aussi dynamiques qu'aujourd'hui !

Méthode machiavélique

Ne tentez même pas de vous faire tomber vous-même du piédestal sur lequel vous a mise votre père. Quoi que vous fassiez (dans la limite de la légalité, cela va sans dire), votre père sera toujours fier de vous et ce n'est pas demain que cela cessera !

Misez plutôt sur votre relation avec votre mère. Ne parlez que chiffons, syndrome prémenstruel et derniers potins lors de votre prochain dîner avec vos parents.

Votre père risque de très vite s'ennuyer de ces conversations de filles et de se mettre un peu à l'écart.

Méthode cash

C'est toujours plus facile à dire qu'à faire, mais il va falloir que vous parliez à votre père et que vous lui disiez franchement qu'il en fait un poil trop...

Certes, ce n'est pas gagné, car dès que vous tentez d'évoquer un sujet qui fâche, votre père prend la fuite ou se met sur pilotage automatique. Sensible ? Susceptible ? Prenez votre courage à deux mains et sautez à l'eau. N'oubliez pas d'utiliser un langage compréhensible. Les hommes ont besoin de concepts clairs et directs. Il apprécie la franchise ? Dites-lui plutôt que vous ne le remettez surtout pas en question en tant que père, mais que vous avez besoin de prendre votre envol. Il risque d'avoir un peu mal au cœur de voir sa fille chérie prendre un peu le large, mais devrait être ravi de vous retrouver heureuse et épanouie.

BON À SAVOIR

Le travail est le terrain de prédilection des relations père-fille. C'est souvent dans le domaine professionnel que le père reconnaît sa fille comme un sujet à part entière. Certains pères voient dans l'accomplissement professionnel de leur fille une sorte de prolongement d'eux-mêmes. C'est d'autant plus vrai lorsqu'il n'y a pas de fils dans la

famille. Cette attitude peut même être interprétée comme une sorte de transfert de ce qu'eux-mêmes n'ont pas réussi dans leur vie professionnelle.

La fausse excuse

- Si je le rejette, il va se sentir vieilli.

Eh oh ! Ce n'est pas votre mari ! C'est votre père et il est normal qu'il soit plus vieux que vous ! Et puis, il n'est pas encore grabataire tout de même.

Votre père vous critique : laissez tomber, vous ne pourrez rien changer

Il vous critique dès qu'il en a l'occasion, déteste d'emblée tous vos petits amis et met un point d'honneur à ne surtout pas vous faire de compliments quand l'occasion se présente.

Force est de constater que les relations que vous entretenez avec votre père ne sont pas au beau fixe. On laisse tomber ? Surtout pas !

Les indices

- Il ne vous adresse la parole que pour vous demander de lui passer le sel.
- Enfant, il vous a souvent oubliée dans les supermarchés.
- Vous n'avez aucun souvenir qu'il vous ait félicitée.

Mais quel type d'homme est-ce donc ?

TYPOLOGIE DES PÈRES

- **L'autoritaire**

En voie de disparition. C'est le patriarche, l'incarnation traditionnelle de l'ordre. Il communique souvent assez peu. Il tient à une famille conventionnelle « comme il faut ». Il a perdu ses repères dans une société qui a profondément évolué. Résultat : il condamne les agissements de sa fille devenue adulte et autonome et se terre dans un mutisme sévère.

- **Le laxiste**

Il en reste quelques-uns ! Passé sans transition du *flower power* au rôle de papa, il est plutôt sympa, voire légèrement irresponsable. Son éducation repose sur une liberté totale fondée sur la confiance. On peut même le taxer d'un certain égoïsme. Sa fille devenue adulte ne présente qu'un intérêt mineur à ses yeux, surtout si elle mène une carrière brillante dans la finance à la solde du grand capital !

- **Le fantôme**

Absent, ou presque, pendant toute la jeunesse de sa fille, il a purement et simplement disparu lorsque sa fille est devenue grande.

- **L'absent**

Majoritaires dans les années 1970-80, ils sont encore nombreux. On sait qu'il vit à la maison puisque son nom est écrit sur la boîte aux lettres. Il contribue financièrement à l'entretien du ménage et de la progéniture, mais il ne sait rien de tout ce qui se passe dans la maison. C'est à sa fille devenue adulte de tenter de faire connaissance.

- **Papa comme maman**

C'est une nouvelle génération. Partage des tâches oblige, c'est bien un papa, mais il fait tout, ou presque, comme maman. Rares sont les paresseuses qui ont eu ce type de père.

Passez à l'action !

Comment renouer le dialogue avec ce père aussi éloigné de vous ?

Méthode douce

Vous vous êtes souvent dit que vous n'étiez pas aimée, ni digne de l'être. Rien de pire en effet qu'un père comme le vôtre qui a toujours été là sans l'être puisqu'il n'a jamais manifesté que de l'indifférence.

- Profitez des réunions de famille pour lui parler et l'inviter à s'impliquer dans votre vie. Demandez-lui de l'aide – ils adorent – ou invitez-le à déjeuner un jour.
- Si vous ne le voyez jamais, envoyez-lui quelques photos.

Bref, entretenez le contact et rapprochez-vous peu à peu. Il est certainement demandeur sous ses airs bourrus/absents/indifférents.

Méthode machiavélique

Puisqu'il n'est presque jamais là, profitez-en avec votre mère pour partir en week-end après lui avoir emprunté sa carte bleue, ou conviez sa secrétaire à un repas en famille puisqu'elle en fait partie ! ! ! Votre père risque de ne pas forcément bien le prendre, mais après tout, il sera enfin pris à son propre piège !

Méthode cash

Convoquez-le et dites-lui ce que vous avez sur le cœur.

On ne gifle pas son père (même quand on en crève d'envie), mais il n'est pas non plus utile de pleurer pour lui demander de rattraper tout ce qu'il a raté. Pourtant, il ne faut surtout pas laisser pourrir une situation qui ne pourrait que se déliter avec le temps. Si vous ne le faites pas pour vous-même, faites-le pour l'harmonie familiale et, bien sûr, pour vos enfants.

10 PETITS TRUCS POUR COUPER LE CORDON

1. Espacez vos coups de fil

Et si vous avez terriblement besoin de vous confier à quelqu'un, appelez plutôt votre meilleure amie.

2. Ne négligez pas votre mère

Si elle se sent délaissée parce que vous ne l'appelez plus tous les jours, instaurez des moments privilégiés qui combleront ce manque.

3. Reprenez les rênes de votre vie

Eh oui, vous êtes grande maintenant, ce n'est plus à maman de prendre des décisions pour vous, ni de choisir vos petits amis !

4. Sollicitez votre père

Il sera certainement ravi de vous aider à couper le cordon et donc de passer plus de temps avec votre mère.

5. Cessez de vous sacrifier

Si vous êtes épanouie, votre mère le sera aussi. Donc, cessez de culpabiliser en pensant que votre mère est malheureuse si vous ne l'appelez pas pour lui souhaiter bonne nuit.

6. Imitez-la !

Puisque votre mère vous critique sans cesse, ne vous privez pas, faites-en autant !

7. N'oubliez pas le cordon paternel

Il est également nécessaire de le couper pour construire votre propre vie et votre propre famille. Votre amoureux n'est pas votre père !

8. Ménagez votre père

Vous n'êtes plus la petite fille dont il était l'idole et ce n'est pas facile à accepter. Lui aussi a besoin d'être rassuré ; il fera toujours partie de votre vie... mais peut-être avec un peu moins d'excès.

9. Sollicitez votre mère

Elle sera certainement ravie de vous aider à couper le cordon et donc de passer plus de temps avec votre père !

10. Passez le relais

Si vous avez enfin réussi à couper ce cordon (mais pas trop), faites maintenant appel à leur rôle de grands-parents, ils devraient adorer !

chapitre 8

Comment tenir, car, hélas, il n'est pas orphelin… Gérer votre belle-mère

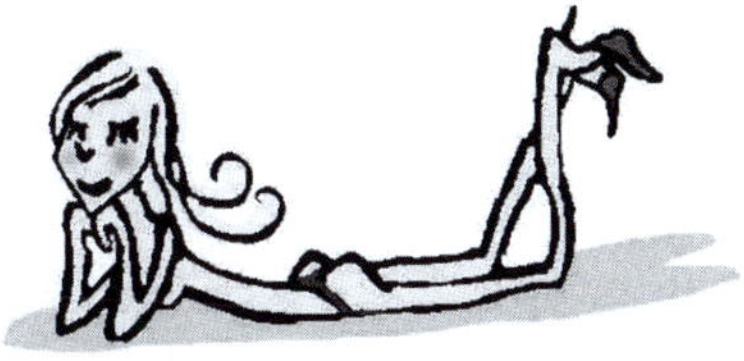

Et si vous évaluiez votre relation avec belle-maman ?

Les paresseuses en couple l'auront remarqué, l'absence d'étiquetage des hommes célibataires pose un vrai problème en matière de traçabilité, car il est difficile de repérer au premier coup d'œil un orphelin. Il en découle de fâcheuses déconvenues...

Ainsi, lorsque vous vous êtes noyée dans ses yeux la première fois, vous étiez loin de penser que ce magnifique spécimen masculin, aussi viril qu'apparemment indépendant, était doté d'une mère... Celle qui allait devenir, par la force (et la méchanceté) du hasard, votre belle-mère.

C'est ainsi que votre histoire d'amour, commencée au rythme de câlins prolongés, de week-ends au bord de la mer et d'après-midi coquins, s'est achevée sous le regard impitoyable de belle-maman, le nez dans son gigot-flageolets dominical.

Êtes-vous dotée d'un modèle de base de belle-mère ou d'une jolie maman tout sucre ?

1. Lors de votre première rencontre :

a) Elle vous a accueillie chaleureusement. 1

b) Elle vous a jaugée des pieds à la tête, puis a entamé un long interrogatoire. 2

c) Elle ne s'est adressée qu'à son fils en parlant de vous. 3

2. Il ne se passe pas une semaine sans :

a) Qu'elle vous donne des conseils sur la façon de tenir votre maison, d'élever vos enfants, de s'occuper de son fils. 2

b) Qu'elle dise du mal de vous à son fils qui s'empresse de vous le répéter. 3

c) Qu'elle ait une attention pour vous. 1

3. Elle ne perd jamais une occasion :

a) De vous donner un coup de main ou de vous encourager. 1

b) De plaindre Jules. 2

c) De se plaindre. 3

4. Lors de votre anniversaire :

a) Elle l'a purement et simplement oublié. 2

b) Elle vous a offert un cadeau qui vous plaît ! 1

c) Elle se plie aux convenances avec une bonne grâce feinte. 3

5. Avec vos enfants :

a) Elle fait du travail de sape. 3

b) Elle s'en occupe comme des siens – avec tous les défauts que cela comporte, mais beaucoup de bonne volonté. 2

c) Elle vous demande ce que vous souhaitez. 1

RÉSULTATS

- **Vous avez une majorité de 1.**

C'est vraiment votre belle-mère ? Rien que pour la conserver dans votre vie, vous ne devriez surtout pas quitter Jules.

- **Vous avez une majorité de 2.**

La tension monte, elle est agaçante, mais pas franchement teigneuse. Difficile de lui rentrer dedans, sauf à passer pour une épouvantable injuste.

- **Vous avez une majorité de 3.**

Son attitude a le mérite d'être claire, c'est votre ennemie et tous les coups sont permis !

TYPOLOGIE DES BELLES-MÈRES

- **Belle-mère « parfaite » :** une sorte de maman idéale.
- **Belle-mère « copine » :** vous formez le fan club de Jules !
- **Belle-mère « modèle courant » :** distante, mais sans animosité.
- **Belle-mère « intrusive et conseillère » :** elle se mêle de tout.
- **Belle-mère « hostile » :** comme son nom l'indique !

Belle-maman est parfaite : nous n'en croyons pas un mot !

Il y en a... Si, si ! Mais il faut bien reconnaître que leur faible nombre justifie qu'elles tiennent lieu d'exception qui confirme la règle.

Les indices

- Elle prend régulièrement de vos nouvelles.
- Elle vous propose son aide spontanément.
- Elle sait s'effacer en toute simplicité.

Êtes-vous bien sûre que la fatigue ou le surmenage ne vous troublent pas l'esprit ? Non ? Alors *a priori* vous semblez être tombée sur l'une de ces perles rares !

Vous êtes sous le charme de cette délicieuse créature, un peu surprise de trouver une oreille attentive collée ailleurs que sur la tête de votre propre mère. Votre belle-mère vous aime (du moins ça y ressemble) et vous n'êtes pas loin d'en faire autant !

Bon... il va falloir faire en sorte que cela dure sans que cela bascule dans l'étouffement.

Le travail sur soi

- Cherchez à déterminer ce que vous attendez d'elle. Vous voudriez qu'elle soit : une amie ? une mère de substitution ? la mère de Jules et c'est tout ? Ou vous voudriez qu'elle n'existe pas, tout simplement ? Une réponse honnête vous permettra d'adapter votre attitude. Toutefois, si vous optez pour la dernière solution, vous êtes simplement jalouse, or cette jalousie n'a pas lieu d'être. Vous n'êtes pas sur le même plan. Apprenez à avancer ensemble.
- Apprenez à la connaître : elle est agréable, affectueuse, attentive. Vous vous surprenez parfois à vous demander s'il ne s'agit pas d'une manœuvre de séduction aussi fausse qu'efficace. Peut-être ne vous connaissez-vous pas depuis suffisamment longtemps. L'hypocrisie ne résistera pas à l'épreuve du temps. Laissez passer quelques mois : si elle reste douce et gentille, alors elle l'est peut-être vraiment.
- Observez son attitude. Elle cherche à vous plaire ? Tant mieux ! Ne vous braquez pas. Il n'y a rien de condamnable à vouloir séduire quelqu'un. Mais cela ne doit pas vous dispenser de faire des efforts d'amabilité. Si elle vous appelle pour votre fête, essayez autant que faire se peut de ne pas oublier la sienne.
- Ne soyez pas injuste ! Certes, elle vous agace prodigieusement avec ses multiples qualités : impossible de la prendre en défaut, on est obligé de l'aimer !

Non, justement, vous n'êtes pas obligée de l'aimer. Vos sentiments vous appartiennent et vous pouvez en disposer comme bon vous semble. Cependant, vous devez au moins avoir la bienséance de rester polie et aimable.

Vous le faites avec le facteur, vous pouvez bien en faire autant avec votre belle-mère, c'est un minimum !

- Ne vous laissez pas dévorer. Elle est si gentille et prévenante qu'elle en est étouffante. Le risque de dérapage est en effet assez grand. Vous devrez instaurer une certaine réserve protectrice pour conserver de bonnes relations.

N'OUBLIEZ PAS

Elle aussi a eu une belle-mère... Peut-être ne souhaite-t-elle pas reproduire le type de relations qu'elle a connues et subies.

Passez à l'action !

Méthode douce

Si vous vous sentez étouffer dans cet excès de tendresse, gavée d'attentions et de loukoums à la rose, et que vous en souffrez, réagissez en douceur.

Soyez toujours gentille et prévenante. Acceptez ses attentions délicates et ses présents et...

— N'oubliez pas qu'elle n'est ni votre sœur, ni votre clone.

— Évitez d'instaurer une trop grande intimité : ne vous confiez pas trop, par exemple.

— Espacez progressivement les visites.

ET JULES DANS TOUT ÇA ?

Afin d'éviter une visite, ne lui dites pas que votre belle-mère vous étouffe avec sa gentillesse dégoulinante ! Il ne comprendrait pas et serait très certainement blessé. Commencez par lui dire que vous aimez beaucoup sa mère, mais que vous avez besoin de le retrouver, lui, le seul être qui compte dans sa vie (patati patata, improvisez, bon

sang !) et que, en conséquence, vous préféreriez – pour aujourd'hui – passer du temps en son unique compagnie.

Méthode machiavélique

Faites-vous détester ! Soyez infecte, critiquez tous ses faits et gestes. Oubliez son anniversaire, ne desserrez pas les dents en sa présence. Non seulement elle devrait finir par perdre la mauvaise habitude de vous aimer, mais en plus, c'est un excellent entraînement pour vous ! Lorsque vous serez belle-mère à votre tour, vous pourrez remettre en pratique ces précieuses méthodes auprès de votre belle-fille !

Méthode cash

Dites-lui qu'elle commence à vous pomper l'air avec sa gentillesse, ses attentions délicates et son éternel dévouement. Vous êtes assez grande pour vous débrouiller toute seule et vous n'avez pas besoin d'une seconde maman ! Non mais...

Vous êtes une vraie saleté, non ?

Belle-maman veut garder son fils pour elle toute seule

Les indices

- Elle lui téléphone tous les soirs au moment de passer à table.
- Elle ne s'adresse qu'à lui lors des réunions familiales.
- Elle lui chuchote des secrets dans la cuisine en vous laissant seule avec votre beau-père.

Vous n'existez pas. Elle préfère nier votre existence plutôt que d'avoir à admettre que vous lui avez « volé » son bien le plus précieux. Il va falloir apprivoiser ce fauve pour conserver son fils sans prendre de coup de griffes.

Le travail sur soi

- Ça peut vous paraître insurmontable, mais il va falloir essayer de la comprendre. Un peu d'empathie peut parfois faciliter les relations.

Elle a peur de le perdre : il n'est pas toujours facile pour une mère de laisser son fils à une autre femme. Votre existence peut être perçue comme une concurrence.

La force de l'habitude y est également pour beaucoup. C'est sa mère qui l'a couvé, materné, écouté pendant des années et voilà que votre arrivée bouleverse cette organisation. Elle doit désormais s'effacer pour vous laisser la place. Il y a de quoi être désemparée après tout !

- Plutôt que d'en faire une ennemie indécrottable, essayez de faire la part des choses. Puisqu'elle restera toujours sa mère et qu'il l'aimera toujours, ne cherchez pas à vous interposer. Favorisez leur relation, c'est le meilleur moyen d'assurer votre propre place auprès de lui. Montrez-lui que vous ne vous posez pas en rivale mais en alliée. Vous êtes deux à souhaiter son bonheur à lui, quel veinard !
- Et au fait ? Comment votre mère agit-elle avec vous ? Attention de ne pas reprocher à l'une ce que vous tolérez de l'autre !

Passez à l'action !

Méthode douce

Téléphonez-lui, demandez-lui conseil, caressez-la dans le sens du poil.

Venez dîner régulièrement, invitez-la et n'hésitez pas à le laisser aller seul chez ses parents. Ne vous imposez pas et ne cherchez pas à tout savoir. Après tout, il vaut mieux qu'il passe un week-end chez maman qu'avec la bombasse blonde du premier, non ?

Méthode cash

Expliquez-vous.

Vous n'avez pas l'intention de la remplacer. Dites-le-lui. Expliquez-lui qu'il y a suffisamment de place pour vous deux dans le cœur de son grand dadais. Si vous n'en n'êtes pas convaincue, quittez-le.

ET JULES DANS TOUT ÇA ?

Ne perdez jamais de vue qu'il s'agit de sa mère. La première femme de sa vie et la seule qui serait capable *a priori* de se couper un bras pour le lui donner (vous aussi ? non ! sans blague ! ?) Du moins lui le croit !

Belle-maman vous critique en toutes circonstances

Quand elle parle de vous, les coins de sa bouche s'abaissent et le mot « bru » évoque plus une éructation qu'un lien de parenté. Vous auriez bien aimé être sa belle-fille, voire simplement la femme de David, mais non, vous êtes sa bru (prononcez « brrrrruuuu »).

En tant que telle, vous pouvez vous enorgueillir d'avoir tous les défauts de la Terre. Vous êtes à la fois égoïste, dépensière, carriériste ou fainéante, bref, vous êtes épouvantable. On se demande bien ce qu'il a pu vous trouver...

Dans les premiers temps, après la rencontre belle-mère/belle-fille, il peut arriver que les relations dérapent. La rivalité, la possessivité, l'impossibilité de communiquer et, bien entendu, la tristesse, forment un cocktail explosif qui donne lieu à des affrontements parfois violents.

Deux solutions s'offrent à vous :

— vous vous engagez sur la voie du conflit et établissez une bonne fois pour toutes que vous êtes ennemies ;

— vous désamorcez la bombe.

Le travail sur soi

- Menez l'enquête. Comment avez-vous appris qu'elle vous critiquait ? Agit-elle de front ou les rumeurs sont-elles colportées ? Quel crédit apporter à ces ragots ?
- Ses attaques vous blessent, c'est normal *a priori*, mais après tout... Pourquoi tenez-vous absolument à ce que votre belle-mère vous aime ? Vous n'avez pas à endosser le rôle de la fille parfaite dont ils auraient pu rêver. Ce ne sont pas vos parents et on ne peut pas plaire à tout le monde.
- Analysez les raisons pour lesquelles ses critiques vous blessent. La plupart du temps, les jugements qui déstabilisent un adulte sont en réalité des réminiscences de blessures plus anciennes. Ne confondez pas le passé et le présent.
- Vous n'avez pas à tendre la joue, positionnez-vous en tant que femme adulte et pas en tant que petite fille. Vous êtes chez vous et vous agissez comme bon vous semble.

BON À SAVOIR

Le fait que Jules vous rapporte une remarque de sa mère peut signifier trois choses :

- **il n'y accorde aucune importance ;**
- **il cherche à savoir ce qu'il en est et tâte le terrain avec un tact tout masculin ;**
- **il souffre de cette tension entre les femmes de sa vie et aimerait bien en parler.**

Passez à l'action !

Méthode douce

Elle n'est pas contente ? Quelle importance ? Ne discutez pas vos valeurs ou vos façons de faire. Qu'elle vous critique en face ou qu'on vous rapporte quelque méchanceté, ne mettez pas d'huile sur le feu. Contentez-vous de vous affirmer vis-à-vis d'elle en continuant à agir à votre guise. Si elle persiste à vous faire des remarques, rappelez-lui que vous êtes chez vous et que tant qu'il en sera ainsi, vous continuerez de faire comme bon vous semble. Tournez les talons et drapez-vous dans l'indifférence. Elle va se lasser.

Méthode sournoise

Prenez un air affligé et dites-lui combien vous la plaignez de souffrir ainsi...

Méthode cash

C'est elle ou moi !

Euh... non, finalement, c'est une TRÈS mauvaise idée !

ET JULES DANS TOUT ÇA ?

N'obligez jamais votre mari/chéri à prendre parti. Certes, il faudrait qu'il grandisse et s'affirme comme adulte face à elle pour pouvoir vous soutenir. Mais à défaut... vous n'êtes pas tenue de subir les humeurs de sa mère. Expliquez-lui donc simplement que ses remarques vous blessent et que vous préférez ne plus la voir pour le moment. Essayez autant que possible d'être calme et de ne pas vider votre sac. Pour ça, il y a les copines, votre propre mère ou les forums de discussion, n'importe qui, mais pas Jules !

Belle-maman joue les malades pour attendrir sa mâle progéniture

« Aaaahhh... mon chéri, je suis contente de t'entendre, je viens d'appeler le médecin parce que je me sens mal, ça me prend, là, et ça me lance. Ouh, c'est très douloureux, mais tu me connais, je ne suis pas du genre à me plaindre, tu peux partir en week-end tranquille. » Vous nagez en plein chantage affectif... Enfin, c'est plutôt votre cher et tendre qui est pris en otage par sa dévorante maman, mais force est de reconnaître que vous en souffrez autant que lui puisque ces douleurs inopinées interviennent à chacun de vos départs en vacances. Elle a également des crises à chaque contrariété, ce qui ne serait rien si votre chéri ne tombait pas dans le panneau à chaque fois.

Pin pon pin !

Les indices

- Elle tombe systématiquement malade lorsqu'elle a besoin de quelque chose.
- Elle ne demande jamais rien, mais s'arrange toujours pour alerter son fils de la « gravité » de son état de santé.
- Elle prend des airs de martyre.

Le travail sur soi

- Dressez le bilan de vos relations. Jules et vous, êtes-vous vraiment égoïstes ? Posez à l'actif ce que vous avez fait pour elle, au passif les services qu'elle vous a rendus.

- Faites le tri de ce qui relève ou non de votre responsabilité : êtes-vous responsables de son ennui ? de sa solitude ? de sa tristesse ? Ou essaie-t-elle, en manipulatrice qui se respecte, de vous faire porter le chapeau ?
- Ne perdez pas de vue l'équilibre de votre couple : il passe par un minimum d'intimité et par le courage de savoir couper le cordon... ensemble !

Passez à l'action !

Méthode douce

Maintenez vos positions et ne vous justifiez pas. Ne lui donnez pas l'impression d'avoir gagné en vous montrant tiraillée, gênée. Soyez indifférente (en apparence) et fermement campée sur vos positions.

Méthode sournoise

Envoyez-lui une corde...

Méthode cash

Soyez... cash ! Décryptez la demande et refusez la manipulation. Signifiez-lui clairement que vous n'êtes pas dupe de son chantage affectif, et que vous ne vous laisserez pas manipuler. Dans un premier temps, cette méthode passera sans doute par une période de rejet de la part de votre belle-mère, celle-ci souhaitant punir son fils... Vous bénéficierez d'un calme olympien le temps de ces représailles ! Si toutefois Jules tient le coup et n'est pas submergé par un torrent de culpabilité qui pourrait bien vous engloutir...

ET JULES DANS TOUT ÇA ?

À vous de le rassurer sur sa valeur et sur son attitude par rapport à sa mère. Proposez-lui de se poser les bonnes questions et incitez-le à être ferme. En aucun cas vous ne devez montrer d'animosité vis-à-vis de sa mère. Il croirait à une manipulation (encore une !) de votre part.

Belle-maman est toujours malade

« J'avais des douleurs dans le bas-ventre, ce bon docteur Toubib va passer tout à l'heure, il faut qu'il regarde mes analyses d'urine de la semaine dernière. D'ailleurs, attends, je te les montre mon chéri ! » Belle-maman est charmante, mais mourante depuis une bonne soixantaine d'années. Le départ de ses enfants et la retraite n'ont fait qu'aggraver les choses. Son organisme est devenu sa seule source d'intérêt et la moindre variation de température est vécue comme une véritable aventure !

Les indices

- Elle ne manque pas une occasion de rappeler sa tension et d'évoquer ses différentes pathologies, fistule comprise !
- Elle a régulièrement des palpitations, des insomnies et des migraines...
- Elle, c'est toujours pire.

Le travail sur soi

- OK, belle-maman est hypocondriaque, et alors ? Ce n'est pas contagieux, et puis vous pourrez toujours lui offrir le Vidal à Noël !
- Ne lui demandez JAMAIS des nouvelles de sa santé.
- Évitez les conversations de fin de repas susceptibles de vous retourner l'estomac. En revanche, n'hésitez pas à en parler à l'apéritif si vous souhaitez faire un régime.
- Habituez-vous à ses menus : belle-maman soigne ses maladies et l'estomac des autres avec de la viande en grande quantité – *« ça donne des forces ! »* – et en particulier des abats...

- Ne regardez jamais votre assiette au moment critique, du genre : *« J'ai donc passé une coloscopie... »*

Passez à l'action !

Méthode douce

Pour la séduire, demandez-lui des nouvelles de sa santé, extasiez-vous sur ses symptômes, plaignez-la... Pour lui faire plaisir, donnez-lui des adresses de médecins spécialistes, plaignez-la encore un peu... Si vous disposez d'une filière parallèle pour obtenir des médicaments non encore autorisés en France, vous ferez une heureuse ! À défaut, offrez-lui un check-up à l'Hôpital américain. Pendant ce temps, prenez la clé des champs !

Méthode sournoise

Inquiétez-vous de ses symptômes et lancez-la sur de fausses pistes médicales. Pendant qu'elle consultera de multiples spécialistes, elle vous laissera tranquille... Le bémol : elle creusera le trou de la Sécu !

Méthode cash

Puisqu'elle est si malade, faites-lui remplir une convention obsèques. Elle devrait cesser de vous parler de maladie pendant un petit moment.

ET JULES DANS TOUT ÇA ?

Rassurez-le, sa maman va bien ! De toute façon, il sera ravi de vous voir vous occuper de sa mère et oubliera bien vite qu'elle était malade quelques minutes avant.
Cela dit, il est quand même un peu énervant à gober tout ce qu'elle dit...

Ne vous retournez pas ! Belle-maman est là

Êtes-vous bien sûre d'être chez vous ? Vérifiez vos clés, votre adresse, et réfléchissez un peu. Si vous vous demandez si vous vivez avec votre belle-mère ou si un étrange phénomène d'espace-temps la fait apparaître dans votre salon à intervalles réguliers, il y a sans doute un petit souci. Vous êtes face à un modèle intrusif. Pas un week-end ne se passe sans qu'elle débarque à l'improviste, le téléphone semble être directement relié à sa bouche, et lorsqu'elle vous donne un conseil, vous sentez bien qu'il s'agit plutôt d'un ordre.

Les indices

- Elle est là !
- Elle vient ranger chez vous en votre absence.
- Elle vous impose son point de vue.

Travail sur soi

- Ne vous laissez pas infantiliser. Vous pouvez accepter certains conseils, voire les suivre, après tout, il n'y a pas de mal à écouter. Vous pouvez également refuser de tendre l'oreille à chacune de ses remarques. Dans tous les cas, ne vous laissez pas guider. Vos actes et vos façons de faire doivent être le reflet de votre volonté propre.
- Ne la laissez pas pénétrer chez vous et agir dans votre maison sans votre permission sous peine de voir vos gravures remplacées par un paysage de sous-bois en canevas. Vous devrez faire preuve de fermeté. Votre maison est votre tanière : défendez-la.

- Protégez votre intimité ! Vous n'aimeriez tout de même pas qu'elle s'installe dans la chambre d'amis ?

Passez à l'action !

Méthode douce

Dites-lui sereinement, mais fermement, que – bien que vous l'appréciiez très sincèrement – vous êtes chez vous et qu'en conséquence vous avez besoin de préserver votre intimité. À compter de ce jour, vous ne tolérerez plus qu'elle vienne sans prévenir, vous ne décrocherez plus le téléphone à toute heure du jour et de la nuit et, surtout, vous n'accepterez plus de vous plier à ses *desiderata*.

En revanche, vous aimeriez bâtir entre vous des relations d'adultes.

Méthode machiavélique

Allez chez elle changer la déco. Œil pour œil, dent pour dent !

Méthode cash

Achetez un molosse et dressez-le à lui sauter à la gorge !

ET JULES DANS TOUT ÇA ?

Il y a des limites à tout. Certes, vous n'avez pas à lui demander de choisir entre sa mère et vous, mais il ne doit pas tolérer de la voir prendre votre place. S'il est incapable de la chasser de votre intimité, c'est qu'il n'a pas encore coupé le cordon. Vous avez épousé un fils et pas un mari... Mauvaise pioche !

Quand belle-maman devient grand-mère...

Chacun à sa place et les moutons seront bien gardés ! Euh... Enfin, vous voyez de quoi il est question ! L'arrivée d'un enfant bouleverse le cercle de la famille, à commencer par les parents, mais ils sont loin d'être les seuls. Les beaux-parents, et *a fortiori* votre belle-mère, passent du rang de maman/papa à celui de grand-mère/grand-père. Dur... Surtout lorsqu'on a une petite soixantaine fringante !

Pour peu que les relations soient déjà tendues et que vous profitiez de l'occasion pour lui assener du « mamie » ou « mémé » à toutes les sauces, il est probable qu'elle en ait gros sur le cœur et... qu'elle profite de ce rôle ingrat pour se poser en ancêtre vénérable.

Mais les choses ne sont pas toujours aussi sombres. L'arrivée d'un petit peut au contraire donner lieu à une transformation radicale des relations et rétablir la concorde dans le groupe, à condition toutefois d'avoir résolu quelques équations familiales.

Le travail sur soi

- Il va falloir l'admettre : votre belle-mère est également la grand-mère de vos enfants. À ce titre, elle a le droit de les voir. Serrez les dents !
- Le fait d'avoir des grands-parents est très structurant pour un enfant. Laissez-le fréquenter votre belle-mère. Vous n'avez pas à prendre parti, c'est à lui, en grandissant, de se forger sa propre opinion.
- Toutefois, ne cédez pas sur toute la ligne ! L'éducation des enfants appartient aux parents, les grands-parents doivent apprendre à passer la main et à respecter vos principes d'éducation. C'est à ce prix qu'ils pourront construire une relation fondée sur le plaisir et la transmission avec vos enfants, et que vous pourrez leur faire confiance.

- Vos enfants devront eux aussi s'adapter au mode de vie de vos beaux-parents. Pas question pour eux d'arriver en terrain conquis et de dévaster le salon – les chers anges – sous prétexte de satisfaire vos pulsions vengeresses.
- Et si vous lui faisiez confiance ?

LE BON CÔTÉ !

Une belle-mère bien « drivée » peut être corvéable à merci presque autant qu'une mère. Trop contente de garder ses chers petits-enfants !

Passez à l'action !

Méthode douce

Établissez une sorte de contrat moral. Lorsque vos enfants sont chez vos beaux-parents, ceux-ci doivent respecter certaines règles d'éducation essentielles à vos yeux – l'heure du coucher, la sieste... Pour le reste, faites-leur confiance. Après tout, votre belle-mère a bien élevé votre mari et il semble s'en être sorti relativement bien !

Par ailleurs, le rôle des grands-parents n'a rien à voir avec celui des parents.

Méthode machiavélique

Non ! Nous sommes là pour arranger les choses et pas pour mettre de l'huile sur le feu !

Méthode cash

Sortez le drapeau blanc et faites tourner le calumet de la paix : *« Écoutez belle-maman, nous sommes parties sur de mauvaises bases, il est grand temps de rétablir l'équilibre dans notre intérêt à tous, à commencer par celui du bébé. »*

T'en veux ? ? ?

ET JULES DANS TOUT ÇA ?

C'est le père, il change de statut, laissez-le dans son coin. Cette histoire de relations est avant tout une histoire de femmes. Réglez ça entre mères, contentez-vous de vous assurer de son soutien.

Et beau-papa dans tout ça ?

Qui ça ? Ah oui, le beau-père ! Il est le plus souvent transparent, à côté d'un tel dragon. Vous le reconnaîtrez aisément, c'est celui qui se tient à côté de votre belle-mère, légèrement en retrait ; qui prend un air détaché ou se concentre sur sa lecture tandis que sa moitié gronde et crache le feu.

Aussi discret soit-il, votre beau-père peut, à l'occasion, jouer les intermédiaires entre sa tendre épouse et vous. Certains se révèlent parfois de véritables alliés, pour ne pas dire des héros ! On raconte qu'un certain beau-père n'a pas hésité à s'interposer pour défendre sa malheureuse bru… On ignore s'il s'en est sorti…

La plupart des beaux-pères appartiennent plutôt à une race fort ordinaire. Ce sont des mâles matés depuis un certain nombre d'années, chez qui la tendance naturelle à la lâcheté est le plus souvent exacerbée. Ils veulent avant tout préserver leur confort, par conséquent le conflit ne leur vaut rien. Il convient donc de les apprivoiser en douceur. À défaut d'être un allié de poids, un beau-père apprivoisé adoucira les réunions familiales. Vous saurez toujours à qui parler !

Le travail sur soi

- Attention, faire de votre beau-père un allié ne signifie pas vous placer sous sa domination. Vous ne devez pas passer du statut de petite fille que l'on gronde, pour votre belle-mère, à celui de petite fille que l'on soutient, pour votre beau-père. Vous êtes adulte, rappelez-vous !

- *« Mon beau-père est mon ami, mon beau-père est le plus gentil ! »* À se répéter dix fois sans discontinuer avant toute réunion familiale risquant d'être houleuse.
- Intéressez-vous à sa vie, à ses goûts, à ses hobbies ; le pauvre homme n'a pas l'habitude, il tombera sous le charme.
- N'en faites pas trop ! Ne vous posez pas en rivale de votre belle-mère. Vous devez être amicale, mais pas séductrice.
- Ne vous forcez pas non plus ! Si votre beau-père est un passionné de chars, ne vous attelez pas à feuilleter les trente albums photos de sa collection.

BON À SAVOIR

Tous les beaux-pères ne sont pas des fantômes sympas. Certains agissent comme d'intraitables patriarches, ils se posent alors en juges souverains et deviennent rapidement imbuvables. Pour ceux-ci, il vous suffira de consulter les articles précédents consacrés à la belle-mère.

Passez à l'action !

Méthode douce

Lors d'une attaque perfide de votre belle-maman, tournez-vous vers votre beau-père et essayez de croiser son regard. Il se sentira obligé de réagir. Si tel n'est pas le cas, c'est une lavette, laissez tomber.

Méthode machiavélique

Incitez-le à se rebeller. Préoccupée par ses relations familiales dégradées, votre belle-mère vous oubliera peut-être.

Méthode cash

Adoubez-le chevalier et formez une alliance pour pourfendre le dragon !

10 PETITS TRUCS POUR GÉRER BELLE-MAMAN

1. Faites-vous une raison

Vous n'êtes pas la seule à avoir une maman, votre cher mari aussi et vous héritez donc d'une belle-mère !

2. Mesurez votre chance

Votre belle-mère n'a aucun défaut, alors pourquoi persistez-vous à lui en chercher ? Cessez d'imaginer que c'est une ruse de sa part et profitez !

3. Communiquez avec Jules...

Ne gardez pas vos sentiments pour vous et, sans lui demander de choisir entre sa maman et vous, faites-lui comprendre que vous aimeriez passer quelques dimanches juste avec lui.

4. ... et avec belle-maman

Faites-lui comprendre, à elle, que vous ne demandez pas à son cher petit de choisir entre les deux femmes de sa vie et qu'il aura toujours besoin de sa maman chérie... mais pas tous les dimanches.

5. Soyez forte

Ne vous laissez pas avoir par toutes les techniques de chantage de votre belle-mère et transmettez votre force à votre cher mari, sans le manipuler.

6. Commencez un régime !

Si vous avez une belle-mère hypocondriaque qui se plaît à raconter ses diverses maladies lors des déjeuners dominicaux, votre estomac vous remerciera.

7. Changez les serrures de votre appartement

Et ne donnez surtout pas les nouvelles clés à votre belle-mère !

8. Établissez des règles

Comme vous ne pourrez pas l'empêcher de voir ses petits-enfants chéris, autant mettre les choses au point dès le départ. Certes, chez mamie, ce n'est pas comme à la maison ; cependant, vous ne céderez pas sur certaines règles de base.

9. Faites-lui confiance

Puisque vous avez établi ces fameuses règles, laissez votre belle-mère jouer son nouveau rôle de grand-mère. Après tout, elle a plutôt bien réussi l'éducation de son fils...

10. Apprivoisez votre beau-père

Sans pour autant trop vous forcer, intéressez-vous à lui. Il pourra vous être d'une très grande aide le moment venu. Mais n'en faites pas trop, vous ne voulez pas blesser votre belle-mère non plus.

chapitre 9

Petit glossaire des paresseuses qui ne se laissent plus faire

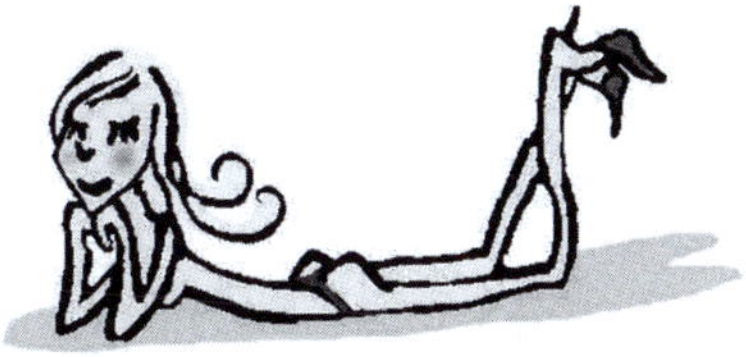

Bonjour

L'aspect technique

Terme utilisé pour saluer une personne. Avec « merci » et « s'il vous plaît », « bonjour » est l'un des fondamentaux de la politesse. Son emploi est simple et constitue un préalable favorable à tout contact.

Pour la paresseuse

Le *nec plus ultra* : ajouter « Monsieur » ou « Madame Mouchabœuf » derrière « Bonjour », mais force est de constater que c'est particulièrement fatigant.

Colère

L'aspect technique

Émotion vive provoquée par un obstacle à la satisfaction d'un désir. Elle est positive lorsqu'elle permet l'affirmation de soi. En revanche, une colère intérieure qui ne s'exprime jamais fait le lit des frustrations.

Pour la paresseuse

C'est le moment où vos oreilles commencent à rougir et où vous saisit une envie de hurler et de tout bazarder sur votre bureau.

Communication non verbale

L'aspect technique

Le fait de maîtriser sa communication non verbale, autrement dit un ensemble d'attitudes, de postures ainsi que sa gestuelle, permet de s'imposer plus facilement auprès d'autrui.

Pour la paresseuse

Pas facile, car elle nécessite d'avoir le courage de se redresser et de rester droite au moins pendant toute la durée de l'entretien...

Conseil

L'aspect technique

Avis ou recommandation que l'on peut donner lorsqu'un(e) ami(e) le sollicite, mais qu'il est toujours préférable de garder pour soi quand on peut. Dans tous les cas, le conseil est toujours plus digeste assorti de diplomatie.

Pour la paresseuse

Souvenez-vous du jour où vous avez dit à votre amie : « *Je trouve que ce jean te boudine* ».

Culpabilité

L'aspect technique

Sentiment douloureux ressenti par quelqu'un qui s'estime responsable d'un état de fait négatif. Par ailleurs, culpabiliser une personne permet également de la manœuvrer. Il est essentiel de parvenir à se défaire de la culpabilité lorsqu'elle n'est pas objectivement justifiée.

Pour la paresseuse

Ce que vous font subir vos parents, vos enfants, votre patron et tous ceux qui découvrent votre faille.

Dispute

L'aspect technique

Le conflit constitue un moyen de communication. Il peut permettre de crever l'abcès et de dire ce qu'on a sur le cœur. Pour avoir un intérêt, la dispute doit pouvoir être suivie d'une réconciliation. Il convient donc de toujours réserver une porte de sortie et, bien sûr, de ne pas rompre tout contact.

Pour la paresseuse

Revenez ! Il ne faut pas claquer la porte ! ! !

Domination

L'aspect technique

À terme, le fait d'imposer son avis, ses idées, sa façon de vivre à l'autre par tous les moyens est voué à l'échec. Encore faut-il pouvoir supporter d'attendre que l'emprise cesse d'elle-même par un événement extérieur... Le plus simple est encore de ruer dans les brancards !

Pour la paresseuse

Ce que vous ne devez plus supporter au quotidien : l'exclusivité de la détention de la télécommande de la télé par Jules, les coups de fil intempestifs de votre patron le dimanche à 6 h 30, le choix de vos vacances par belle-maman...

Égoïsme

L'aspect technique

Attitude qui consiste à orienter tous ses actes et ses choix uniquement en fonction de ses propres désirs, de ses propres intérêts, sans jamais tenir compte de l'autre. En revanche, penser d'abord et exclusivement à soi de temps en temps n'a rien d'une démarche individualiste.

Pour la paresseuse

Les cures d'égoïsme n'étant pas proposées dans des centres spécialisés, à vous de vous faire votre programme : enfermez-vous dans votre salle de bains, laissez vos moutards chez une copine, faites du lèche-vitrine en dépensant sans compter...

Empathie

L'aspect technique

Capacité à identifier les émotions des autres ainsi qu'à les ressentir. Elle est essentielle en amitié, à condition de savoir se protéger. Une empathie trop « efficace » peut devenir un poids si on prend les sentiments des autres sur ses propres épaules.

Pour la paresseuse

C'est cette capacité qui vous oblige à recueillir ce pauvre Jean-Jacques régulièrement ! Patchez-vous contre l'excès d'empathie !

Fête des voisins

L'aspect technique

Créée en 1999 à l'initiative d'une association parisienne, relayée par l'Association des maires de France ainsi que les bailleurs sociaux, la Fête des voisins s'est développée partout. Elle se déroule chaque année, le dernier mardi du mois de mai. Elle a pour but de permettre à des voisins de se rencontrer de façon conviviale, afin de rompre l'isolement.

Pour la paresseuse

Une occasion de faire copain-copain avec les voisins sans trop d'effort.

Formation professionnelle continue

L'aspect technique

La loi du 4 mai 2004 sur la Formation professionnelle continue (FPC) a pour objectif de favoriser l'insertion professionnelle, le développement des compétences, de faciliter l'accès aux différents niveaux de qualification professionnelle et de permettre le retour à l'emploi. Il faut y avoir recours pour progresser si on le souhaite.

Pour la paresseuse

C'est le moyen de vous perfectionner et de grimper les échelons à la force de votre mental d'acier.

Fratrie

L'aspect technique

L'ensemble de tous les enfants d'un couple : frères, sœurs, demi-frères, demi-sœurs. Souvent le lieu des tensions, des sentiments parfois contradictoires, mais une fois les difficultés dépassées, ce peut être le lieu de la stabilité et de l'ancrage.

Pour la paresseuse

La perspective de repas de famille interminables et l'envie de les retrouver quand vous ne les avez pas vus depuis plus d'une semaine.

Harcèlement moral

L'aspect technique

Ensemble de méthodes employées par une personne – le harceleur – pour déstabiliser sa victime.

Pour la paresseuse

Ce que vous avez subi avant de devenir une « winneuse paresseuse ».

Injustice

L'aspect technique

Caractère de ce qui est injuste. Ce qui semble anormal, injustifié et qui blesse. Une injustice criante devrait donner lieu à une réaction de la part de la personne concernée.

Pour la paresseuse

Ce que vous ressentez quand votre collègue incompétent recueille des lauriers.

Jalousie

L'aspect technique

Émotion agressive qui suppose que l'autre possède quelque chose que l'on n'a pas et que l'on désire.

Pour la paresseuse

Ce que vous ressentez quand votre collègue reçoit un joli pin's offert par Monsieur le directeur pour services rendus... Enfin...vous voyez de quoi il est question...

Jalousie amoureuse

L'aspect technique

À petite dose, elle est indissociable de l'amour, mais elle devient invivable quand elle tourne à l'obsession. C'est une émotion de souffrance qui naît avec l'insécurité de perdre l'être aimé.

Pour la paresseuse

Ce que vous ressentez quand une blondasse minaude devant Jules.

Manipulation

L'aspect technique

Tentative de prise de contrôle du comportement et des pensées d'autrui. On prête souvent au manipulateur des appétits plutôt égoïstes.

Pour la paresseuse

Ce que vous aimeriez parfois maîtriser et que vous subissiez régulièrement jusqu'à récemment...

Médiation

L'aspect technique

Son objet porte sur la résolution des différends hors des rapports de force. Elle implique l'intervention d'un tiers neutre, impartial et indépendant, le médiateur, qui joue le rôle d'intermédiaire et accompagne les personnes en conflit.

Pour la paresseuse

Le moyen le plus simple 1) de ne pas se mettre la rate au court-bouillon, 2) de ne pas perdre la face, 3) de se sentir moins seule.

Négociation

L'aspect technique

Recherche d'un accord entre deux ou plusieurs interlocuteurs. La capacité à négocier est un atout considérable pour parvenir à des relations gagnant-gagnant.

Pour la paresseuse

Le moyen d'éviter de céder à tout et tout le temps.

Non

L'aspect technique

Adverbe utilisé pour marquer son désaccord ou apporter une réponse négative à une question. Savoir l'utiliser est une condition essentielle de l'affirmation de soi.

Pour la paresseuse

« LE » mot à répéter en boucle devant votre glace dix fois chaque matin.

Nuisances sonores

L'aspect technique

Les nuisances sonores peuvent être générées par des lieux recevant du public, des entreprises, mais également par toute autre activité humaine, tondeuse à gazon, fêtes... Le bruit de nature à porter atteinte à la tranquillité du voisinage par sa durée, sa répétition ou son intensité peut être sanctionné à toute heure du jour et de la nuit.

Pour la paresseuse

Ôtez vos bouchons d'oreilles et réagissez.

Objectivité

L'aspect technique

Capacité à pouvoir considérer une personne ou un acte en faisant preuve de neutralité et d'impartialité. Le plus difficile étant bien sûr de s'interdire tout avis ou sentiments personnels...

Pour la paresseuse

Ce qu'il est particulièrement difficile à faire lorsqu'il s'agit de votre belle-mère ou de la secrétaire blonde de votre mari.

Oubli

L'aspect technique

Étourderie qui peut parfois blesser la personne qui en fait les frais.

Pour la paresseuse

Ce que vous ne pardonnez pas lorsqu'il s'agit de votre anniversaire...

Parents

L'aspect technique

Père et mère, et soi-même lorsqu'on a des enfants.

Pour la paresseuse

Passage de flambeau ultrafatigant.

Parole

L'aspect technique

Le langage permet d'échanger, de confronter des idées et d'imposer ses choix. La parole ne devrait pas être bridée, sauf si elle a pour unique objet de blesser.

Pour la paresseuse

Le simple fait de prendre la parole est épuisant pour toute paresseuse qui se respecte, mais permet parfois d'avoir la paix... L'effort en vaut la chandelle.

Pigeon

L'aspect technique

Oiseau commun qui peut être domestiqué.

Pour la paresseuse

Ce que vous étiez avant de lire ce livre. Et si vous ne l'avez pas lu, empressez-vous de le faire de peur d'être condamnée à rester un volatile à vie.

Point de vue

L'aspect technique

Opinion, façon de penser. Comme son nom l'indique, le point de vue dépend de l'endroit à partir duquel on regarde.

Pour la paresseuse

Du fond de son lit, on ne voit pas grand-chose, mais qu'est-ce qu'on est bien !

Rivalité

L'aspect technique

La rivalité entre deux personnes suppose la concurrence, la compétition et la jalousie. Elle peut reposer sur un enjeu matériel (succès financier) ou immatériel (remporter l'affection de quelqu'un).

Pour la paresseuse

Ce qui vous oppose à votre belle-mère pour conquérir l'exclusivité du cœur de Jules, ou à votre collègue pour remporter le contrat Dugenou...

Souplesse

L'aspect technique

C'est la fable du chêne et du roseau. Face à la tempête, le roseau plie mais ne rompt pas. Il ne faut pas confondre faiblesse et souplesse. Renoncez à la première, mais conservez les facultés de l'autre. Attention donc de ne pas devenir trop rigide en prenant de l'assurance.

Pour la paresseuse

Plier ne veut pas dire se coucher et dormir.

Zen

L'aspect technique

État de tranquillité et d'indifférence susceptible d'apporter la sérénité lorsque tout s'agite autour de vous. À condition de parvenir à se détacher.

Pour la paresseuse

Cet état de grâce que vous parvenez à atteindre lorsqu'on vous masse sur une terrasse d'un hôtel panoramique face à une plage de sable blanc.

Table des matières

Pour l'éditeur, le principe est d'utiliser des papiers composés de fibres naturelles,
renouvelables, recyclables et fabriquées à partir de bois issus de forêts
qui adoptent un système d'aménagement durable.

…s la même collection

…es Abdo-fessiers des paresseuses
L'Almanach des paresseuses
L'Anglais des paresseuses
L'Armoire idéale des paresseuses
L'Art de se faire épouser des paresseuses
L'Astrologie des paresseuses
La Beauté des paresseuses
La B.D. des paresseuses
La B.D. des paresseuses 2
La Boîte à paresse
Les Bonnes Résolutions des paresseuses
Les Bons Plans anti-cellulite des paresseuses
Le Bricolage des paresseuses
La Cave à vin des paresseuses
Le Corps de rêve des paresseuses
La Couture des paresseuses
La Cuisine des paresseuses
L'Écologie des paresseuses
Le Feng Shui des paresseuses
La Fête des paresseuses
Le Guide de survie des paresseuses
La Gym des paresseuses
L'Histoire de France des paresseuses
Le Home sweet home des paresseuses
Le Jardinage des paresseuses
Jeune Maman et paresseuse
Le Kama-sutra des paresseuses
Les paresseuses cassent la baraque
Les paresseuses changent de vie !
Les paresseuses se marient !
Les paresseuses s'engagent !
Le Nouveau Savoir-Vivre des paresseuses
La Philo des paresseuses
Le Paris des paresseuses
Le PC des paresseuses
Le Pilate des paresseuses
Le Poker des paresseuses
La Positive Attitude des paresseuses
Le Prince Charmant des paresseuses
Les Recettes minceur des paresseuses
La Recherche de job des paresseuses
La Santé des paresseuses
Les Secrets de jeunesse des paresseuses
La Sexualité des paresseuses
Le Sudoku des paresseuses
Le Système D des paresseuses
Le Tricot des paresseuses
Les Vacances des paresseuses
La Vie politique (enfin) expliquée aux paresseuses
La Vie rêvée des paresseuses
Le Vintage des paresseuses
Le Yoga des paresseuses
La Zen Attitude des paresseuses

En papeterie

L'Agenda des paresseuses 2008
Le Répertoire des paresseuses

Photocomposition Nord Compo

Imprimé en Italie
par « La Tipografica Varese S.P.A. »
ISBN : 978-2-501-05506-2
Dépôt légal : Avril 2008
40.4315.4/01